CES ANIMAUX QUI NOUS GUÉRISSENT

Dr Philippe de Wailly

Président honoraire
de l'Académie vétérinaire de France
Membre de l'*American Veterinary Historical Society*

CES ANIMAUX QUI NOUS GUÉRISSENT

Préface de Frédéric Vitoux de l'Académie française

Avant-propos de Gilles Lambert

LE COURRIER DU LIVRE
27, rue des Grands-Augustins
75006 Paris

Du même auteur

Les Coléoptères melolonthini de Madagascar. L'Amateur des oiseaux de cage et de volière,
Baillère éditeur, 1964.

Aux Éditions du Rocher

Le Sixième Sens des animaux (en collaboration avec Gilles Lambert et Christian Brincourt), 2001.
J'éduque mon chien, 2002.
Dictionnaire d'homéopathie pour nos animaux de compagnie, 2002 et 2011.
L'Art de vivre avec son chat, 2003.
Les Preuves d'amour de nos animaux (en collaboration avec Gilles Lambert et Christian Brincourt), 2004.
L'Art de vivre avec son chien, 2004.
Les Cinq Sens de nos animaux, 2005.

Aux Éditions Animalia (Mouleydier – 24 520)

Perruches et Perroquets, 2004 et 2012.
Les Oiseaux exotiques, Atlas ornithologique, 2006.

ISBN : 978-2-7029-1106-8
www.editions-tredaniel.com

Avertissement

Le lecteur devra toujours avoir recours aux prescriptions adaptées de son médecin traitant. Ce dernier étant seul habilité à fournir des indications thérapeutiques et à rédiger des ordonnances.

Préface

par Frédéric Vitoux de l'Académie française

Bien entendu, je fais toute confiance à la probité scientifique de Philippe de Wailly, à son érudition comme à sa curiosité scientifique non moins irréprochable. Je n'insisterai pas. Ses travaux et sa bibliographie plaident pour lui. Mieux : un homme qui a soigné le perroquet de Louis-Ferdinand Céline, les chats siamois de Jean Cocteau, les canaris de Brigitte Bardot ou les cacatoès de Yul Brynner ne saurait être pris à la légère… Reste que, dans le passionnant ouvrage qu'il nous propose ici et que je viens de découvrir en allant de surprise en surprise ou d'émerveillement en émerveillement, il y a plus à mes yeux, beaucoup plus même que cette étude savante du monde animal dans ses rapports avec l'homme, avec les maladies dont il souffre et que l'animal, selon les moyens les plus divers, adaptés aujourd'hui aux recherches biologiques les plus pointues, peut soulager ou guérir. Il y a une sorte de promenade vagabonde et presque fantastique dans un univers qui pourrait ressembler à une féerie surréaliste ou aux rêves d'un poète ayant abusé de drogues hallucinogènes.

Jugez-en !

Vous passerez, d'une page à l'autre, de la bave du scorpion au pollen des abeilles, des larves de mouches aux grenouilles philanthropes, vous aimerez les sangsues et les limaces, vous chérirez les irremplaçables concombres de mer et les crinoïdes qui, comme vous le savez sans doute, sont les indispensables cousins des oursins et des étoiles de mer, vous vous réconcilierez avec les requins si bénéfiques (on a honte pour Spielberg qui, le malheureux, a tenté de nous les rendre antipathiques dans *Les Dents de la mer* !), pour ne rien dire des extraordinaires asticots que vous verrez grouiller dans les plaies infectées, et grâce auxquels j'ai découvert un nouveau terme scientifique : l'asticothérapie – un mot qui, à ma grande honte, ne figure pas dans la neuvième et dernière édition du *Dictionnaire de l'Académie française*. Il faudra remédier à cela !

L'utilisation de l'animal à des fins thérapeutiques, Philippe de Wailly nous le rappelle opportunément, remonte à la plus haute Antiquité. Les Romains se persuadaient que les punaises grillées soignaient les vessies malades. Ambroise Paré, à l'aube de la Renaissance, préconisait encore les chiens bouillis pour une meilleure cicatrisation des tissus. On préférera aujourd'hui des méthodes moins traumatisantes pour le patient… comme pour l'animal ! On ne louera jamais assez le chat qui fait baisser la tension artérielle chez les anxieux ou les hypertendus, ni les chiens – pas tous hélas ! – qui flairent les tumeurs cancéreuses ou dépistent le diabète…

Au terme de cette vertigineuse exploration, je ne peux m'empêcher de me poser tout de même une question. L'homme, l'homme si cruel, si pervers, si impitoyable, si prédateur, si monstrueusement égoïste parfois, l'homme qui saccage sa planète, qui s'y est entendu comme pas un pour mobiliser des animaux dans ses entreprises guerrières, des éléphants d'Hannibal aux chiens porteurs de mines antichar de l'Armée rouge pendant la dernière guerre, pour ne rien dire des chevaux mitraillés et déchiquetés sur les champs de bataille des siècles et des siècles durant, l'homme qui maltraite ainsi les bêtes, qui les a si longtemps comparées à des machines, qui n'a pas voulu soupçonner leur sensibilité ou pis, s'en émouvoir, l'homme en un mot qui est si souvent impardonnable, mérite-t-il cette *récompense*, sinon ce pardon ? Qu'a-t-il donné au monde animal pour que celui-ci lui offre tant, de son côté ?

Il y a là un grand mystère.

Bien entendu, il a existé aussi, dans l'Histoire, quelques sages ou quelques figures radieuses à la saint François d'Assise. Ou, plus simplement, des hommes qui se sont voués depuis toujours à la condition animale, aux bêtes et à leurs souffrances.

Philippe de Wailly est aujourd'hui de ceux-là. Et s'il existe une justice immanente, il me semble que c'est grâce à ces hommes-là qui sont montés un jour dans l'Arche auprès des crotales, des fourmis rouges, des araignées et des serpents si indispensables à notre bien-être, que nous méritons encore d'être guéris ou sauvés.

Frédéric Vitoux
de l'Académie française

Avant-propos

par Gilles Lambert

La zoothérapie, médecine fondée sur le potentiel guérisseur du monde animal, est peu et mal connue. On sait vaguement que certains médicaments prescrits par nos médecins – antiviraux, antibiotiques, calmants, antitumoraux, aphrodisiaques, etc. – ont une origine animale. On connaît l'apport des chiens, des chats, des dauphins, des chevaux dans le combat contre les handicaps des enfants ou les maladies du grand âge. Les seniors ont en mémoire l'écœurante huile de foie de morue, aux vertus soi-disant « fortifiantes ». Mais on ignore en général que, depuis quelques années, les chercheurs étudient avec acharnement toute une série de substances et de molécules produites par des animaux terrestres ou marins, dont de nombreuses spécialités d'origine animale sont sur le point de recevoir l'autorisation de mise sur le marché. Les perspectives qui s'ouvrent, dans ce domaine, sont énormes !

Quelques exemples : la première substance utilisée dans la lutte contre le sida était issue du sperme de hareng. La « cytarabine », utilisée en chimiothérapie anticancéreuse, est extraite d'une éponge. Un des anticoagulants les plus utilisés (le reptilase) est dérivé du venin d'un serpent. Quant aux fameux oméga-3, vedettes de la médecine nutritionnelle, ils proviennent, pour une grande part, des huiles de poissons gras (sardines, thons, etc.).

C'est ainsi. Tous les animaux, des plus petits, insectes, abeilles, reptiles, mollusques, oiseaux, aux plus imposants comme l'éléphant sont – ou seront – une source de guérison pour les hommes. Les bêtes sont bien en première ligne dans la guerre permanente que nous livrons à la maladie – et à la mort. Et dans les années à venir, impossible d'en douter, leur contribution va s'accroître dans des proportions spectaculaires.

Un homme est particulièrement désigné pour faire toute la lumière sur ce phénomène, pour en dévoiler les aspects inconnus, pour en décrire les perspectives, et rendre ainsi justice à nos amies les bêtes : le docteur vétérinaire Philippe de Wailly.

Vedette de sa profession, il a accumulé, au fil d'une carrière brillante, mouvementée, anticonformiste, multidirectionnelle, une expérience sans doute unique. Sa thèse de doctorat prônait déjà les vertus thérapeutiques de certains coléoptères de Madagascar ! Par la suite, il a publié de nombreux ouvrages sur les pouvoirs secrets ou ignorés des chiens, des chats, des oiseaux, des chevaux. Il a soigné, opéré et sauvé de nombreux animaux en péril, sans jamais oublier le contre-chant de sa profession, c'est-à-dire tout ce que nous – les humains – devons aux animaux, leurs richesses thérapeutiques, leur pouvoir de guérison et de soulagement. Si les hommes s'efforcent souvent – pas assez souvent – d'aider les animaux en détresse, les animaux nous renvoient la balle. Entre eux et nous fonctionne un véritable pacte de santé. Nul, mieux que Philippe de Wailly, esprit ouvert, humaniste, à l'affût de toute découverte, n'était en mesure de nous faire réfléchir à ce protocole d'échanges, à nous fournir ses détails, souvent insoupçonnés, nous rapprochant encore un peu plus de nos amies les bêtes.

Président honoraire de l'Académie vétérinaire de France, membre de nombreuses sociétés vétérinaires françaises et américaines, Philippe de Wailly a soigné les animaux familiers de vedettes du spectacle, du sport et de la politique. Anticonformiste, il a pratiqué l'homéopathie animale (dont il a rédigé un traité qui fait autorité) pendant près d'un demi-siècle, obtenant des résultats étonnants qui – pour certains – l'ont placé dans la catégorie des vétérinaires « marginaux ». Il a étudié, et décrit, dans plusieurs ouvrages, les pouvoirs paranormaux de ses « frères animaux » et a réuni de surprenants témoignages de leur « sixième sens». Spécialiste des «oiseaux parleurs», il a aussi étudié le langage des chimpanzés. Dans ce nouveau livre sur les animaux qui nous guérissent, il reste dans le droit fil d'un parcours médical ouvert, original, inventif, éloigné de tout dogmatisme – et de la pensée unique.

Philippe de Wailly est issu d'une famille de Picardie- Artois. Le titre de noblesse date du XIVe siècle, mais des recherches ont permis de remonter jusqu'en 1098 : date à laquelle Robert de Wailly a déclaré tenir du roi, le vicomté dont il porte le nom (archives nationales de Paris). Le village de Wailly a laissé des traces dans l'histoire. En 1419, Charles VI, roi de France, y installe son camp pendant le siège d'Arras. En 1471, il accueille Charles le Téméraire, en guerre contre Louis XI. Jeanne d'Arc séjourne dans le château d'un seigneur de Wailly. Au XVIe siècle, un vicomte de Wailly, professeur au collège de Navarre, enseigne les lettres à Ronsard. Par la suite, la famille produit de nombreux professeurs de droit et de lettres ; l'un d'eux, Étienne Augustin de Wailly, fonde, en 1804, le lycée Henri-IV, à Paris, dont il devient le premier proviseur. L'architecte Charles de Wailly (1729-1798) construit à Paris, avec Peyre, le théâtre de l'Odéon, la chapelle de la Vierge de l'église Saint-Sulpice – lieu privilégié qu'un romancier inventif choisira, près de trois siècles plus tard, comme centre de l'intrigue de son fameux *Da Vinci Code*. En 1780, le même architecte érige à Port-Vendres un obélisque dédié à la mémoire et à la gloire de Louis XVI, qui vaudra plus tard à la ville d'être jumelée avec Yorktown, en Virginie, grâce au bas relief fixé sur le socle de l'obélisque dénommé « L'Amérique indépendante ».

Louis Paul Émile de Wailly, arrière-grand-père de Philippe, est maire d'Amiens en 1873. Le chevalier vicomte Alphonse Casimir Paul de Wailly, né en 1857, grand-père de Philippe, a pour meilleur ami Jules Verne, qui signe comme témoin l'acte de naissance de Maurice, le père de notre auteur. À l'âge de 20 ans, Maurice est affecté, en 1914, au 2e régiment de cuirassiers à l'École militaire. Sa devise est : « Servir toujours sur le chemin de l'honneur. » Il est ingénieur agronome, il sortira vivant de la Première Guerre mondiale avec quatre citations, mais sa curiosité le porte vers les insectes. Alors que Philippe, futur vétérinaire, n'a que 13 ans, il s'applique à démanteler à coups de pioche des souches de hêtres vermoulues recouvertes de mousse, à la recherche de formes mélanisantes de *Chrysocarabus auronitens*, ce carabe doré que Charles Nodier a comparé dans une de ses nouvelles à « une escarboucle tombée de l'aigrette d'un Mongol ». Philippe passe des heures, en vacances, à retourner des cailloux le long des rivières à la recherche de *Bembidiums* et *Dischirius*, à explorer les bouses de vache, recueillant avant de les identifier au binoculaire, de minuscules coléoptères de moins de 3 mm de long. « Je ne remercierai jamais assez mon père, dit Philippe de Wailly, de m'avoir initié à ces “chasses subtiles”, comme les a qualifiées Ernst Jünger, dans son livre éponyme. » « Adolescent, j'étais déjà spécialiste de certaines espèces, *Aphodius,*

Onthophagus, Rhizotrogus, etc. Ce fut l'origine de ma curiosité – et de ma passion pour ces étonnantes créatures, dont je devinais déjà l'importance dans la vie des hommes. » Plus tard, Philippe de Wailly rencontrera à plusieurs occasions Ernst Jünger, lui-même passionné par le monde des insectes. Dans son journal, il évoque ses conversations avec lui.

En 1943, Philippe de Wailly, élève de maths élémentaires au lycée Louis-le-Grand, est nommé, par le professeur René Jeannel, attaché au laboratoire d'entomologie du Muséum national d'histoire naturelle de Paris, en même temps que son père. Il n'a que 17 ans, ce qui fait de lui le plus jeune chargé d'études dans l'histoire de l'entomologie. C'est le temps noir de l'Occupation. Philippe de Wailly pratique différents sports : football, judo, aviron – il participe à plusieurs épreuves, ramant jusqu'à l'épuisement sur la Seine (il se souvient d'une mémorable traversée de Paris en yole à huit). Le 20 août 1944, à Ablon-sur-Seine, près de Paris où réside sa famille, les SS allemands, qui se replient en panique devant la poussée des Alliés, occupent le château d'Athis-Mons. Réagissant à des actes de résistance et de vandalisme, le chef du détachement SS fait arrêter les maires d'Ablon, de Villeneuve-le-Roi, d'Athis-Mons et d'Orly, et décide de prendre en otages vingt habitants d'Ablon. Ils seront fusillés en cas de nouveaux actes de résistance ! Maurice de Wailly, le père de Philippe, est volontaire, et Philippe décide de l'accompagner, avec dix-neuf autres habitants, dont l'abbé Lassailly, le curé d'Ablon, ancien des bataillons d'Afrique, et le chef de la cellule communiste locale. Tous se rendent, à pied, vers 15 heures, au château d'Athis-Mons et, franchissant le grand portail de la Kommandantur, se présentent aux SS harcelés, furieux, qui leur enjoignent sous la menace des mitrailleuses de creuser aussitôt leurs tombes ! Deux hommes et deux pelles par tombe ! Des coups de feu éclatent, et les otages s'apprêtent au sacrifice. Ils seront sauvés *in extremis* grâce à un Ablonais alsacien qui plaide leur cause – et à la fuite soudaine du détachement allemand prévenu de l'arrivée des premiers chars américains. Philippe de Wailly, qui a frôlé la mort avec son père, est très marqué par l'épreuve. Sa gratitude pour les libérateurs américains, à qui il doit la vie, ne faiblira jamais : il ne manque aucune occasion d'évoquer la phrase de Lafayette (prononcée à un banquet maçonnique organisé par le président américain Monroe en 1824) :

« Je porte un toast à l'alliance perpétuelle entre la France et les États-Unis d'Amérique. Elle nous a aidés dans des heures sombres ; un jour, elle sauvera le monde. »

Et la célébration de l'amitié franco-américaine est, pour lui, une préoccupation constante. Il a fait réaliser par son ami Désiré Bardot une statue de bronze de Nicolas Martiau (1591-1657), ancêtre huguenot de George Washington, qui a été inaugurée le 26 octobre 2003 au château du Clos Vougeot, siège de la Confrérie des Chevaliers des Tastevins (dont Philippe est commandeur). Le

7 octobre 2007, une statue de George Washington a été offerte par la French Heritage Society au musée Ernest Cognack de Saint-Martin, île de Ré, dont Nicolas Martiau était originaire, sous la présidence de Craig R. Stapleton, ambassadeur des États-Unis, de Léon Gendre, maire de la Flotte, et de Patrick Casin, président de l'association Nicolas Martiau.

Passionné d'entomologie, Philippe sera vétérinaire. Il prépare au collège Sainte-Barbe, à Paris, le concours d'entrée à l'école de Maisons-Alfort. Il est reçu en 1946. Sa thèse de doctorat, consacrée aux coléoptères hannetons de Madagascar, décrit plus de 200 espèces nouvelles, car la faune malgache, endémique, est singulière, sans ressemblance avec les espèces « voisines », africaines ou indiennes. Ce travail est l'occasion de découvrir l'immense potentiel thérapeutique et diététique du monde des insectes ; en particulier, il observe que l'huile de hanneton, comme les larves de nombreux autres coléoptères, charançons, dysticides, scarabées, etc. sont consommées par les populations indigènes. De cette époque date une étude, réalisée avec son ami Jean Theodoridès, *Remarques sur l'usage passé et présent des insectes dans l'alimentation et la thérapeutique*.

1951. La guerre mondiale est terminée, mais la France est piégée en Indochine : c'est le temps du service militaire. Philippe de Wailly accomplit le sien au CISVA de Compiègne, sous les ordres du colonel Courèges et du capitaine Barrairon. Il devient un cavalier accompli. Affecté au 9e régiment de spahis algériens à Senlis, il reçoit la mission de veiller à la santé de près de 200 chevaux barbes, dressés pour les fantasias et les défilés – comme celui de la célébration de la victoire à Paris, ou celui du 14 juillet.

« J'ai accompli à cheval tout mon service militaire, raconte-t-il, avec deux remarquables cavaliers, le colonel de Chabot et le commandant de Fonbelle. Les chevaux m'ont beaucoup appris… »

Aujourd'hui, il monte plusieurs fois par semaine à Hermeray, aux écuries de la Licorne chez Odile van Dorn, championne de France de dressage, et Daniel Cormier.

Jeune vétérinaire, sa curiosité est sans limites, et il éprouve quelques difficultés à choisir une spécialité. Déjà, il refuse la « pensée unique », décidé à s'éloigner des sentiers battus de la profession. Passionné de recherche, il explore toutes les perspectives. Ainsi, avant même d'avoir obtenu son diplôme, il s'intéresse à l'homéopathie, à laquelle il attribue la guérison d'un sévère impétigo. Bientôt, avec l'appui du professeur de chirurgie Roger Bordet, son maître et ami, de Pierre Barbier et du docteur Desmichelle, du centre homéopathique de France, il applique cette méthode avec succès aux animaux malades – en dépit des critiques qui s'élèvent autour de lui.

Observer, réagir, comprendre : il multiplie les observations et les expériences, en accomplissant de nombreux remplacements en Bretagne, en Auvergne, en Picardie, dans les Landes, etc. Puis, il s'inscrit à l'IMVT, organisme chargé de l'étude des maladies tropicales.

En 1954, il ouvre à Boulogne-sur-Seine une clinique pour petits animaux. Très vite, il noue des relations professionnelles et amicales avec les vétérinaires du SHAPE, quartier général des forces américaines, installés dans le même axe ouest, à Rocquencourt. Il y rencontre presque chaque jour des confrères nord-américains. En 1958, sur la recommandation amicale de Clay Ballinger, de l'ambassade des USA, attaché au plan Marshall, dont il a soigné le chien Pouchy, il est invité à la 89e convention de l'American Veterinary Medical Association, à Philadelphie. Désormais, il se rend chaque année aux États-Unis. Invité d'honneur à Washington, en 1980, il révèle à ses homologues américains les origines françaises de leur science en dévoilant le rôle du Français Alexandre François Augustin Liautard, fondateur de la médecine vétérinaire aux USA. Il est nommé membre d'honneur de l'American Veterinary Historical Society. Il effectue de nombreux séjours et stages en Amérique du Nord : à Boston (à l'Angell Memorial Hospital), à New York (Animal Medical Center), et participe à des conventions à Chicago, Miami, San Francisco, Los Angeles, San Antonio, Las Vegas entre autres. À La Nouvelle-Orléans, il découvre une branche émigrée de la famille de Wailly, qui n'a pas oublié ses origines picardes et son attachement à la France.

La clinique de Boulogne devient rapidement un rendez-vous des amis des bêtes. Sur la recommandation du prince Murat, président de la Ligue de protection des oiseaux, et de son maître en ornithologie, Mario Ascheri, Philippe de Wailly devient le vétérinaire d'Alexandra Feuillée Billot, dont le parc et la volière, à Saint-Cloud, comprennent 1 500 sujets emplumés ! Régulièrement invité à la radio – puis à la télévision – par Philippe Bouvard, Alain Bougrain-Dubourg et Jean-Pierre Hutin de *30 millions d'amis*, il soigne les chats siamois de Jean Cocteau, le perroquet gabonais Toto de Louis-Ferdinand Céline, le husky de Jean Marais, les canaris et les oies de Brigitte Bardot, le labrador du pianiste de jazz Claude Bolling, les shih-tzu et les cacatoès de Yul Brunner ; ce dernier, devenu son ami, lui révèle que son fils, autiste, a été arraché à la maladie par l'affection d'un chiot berger allemand ! La princesse Shams, sœur du Shah d'Iran, lui confie ses vingt-deux chiens, et ses… soixante perroquets. Il opère le yorkshire de l'impératrice mère. Il est appelé en urgence par le président Senghor dont il opère la chienne danoise. Alain Delon, accompagné de Mireille Darc, arrive en panique avec leur corneille familière, victime d'une fracture à la patte. Jane Fonda et Vadim, qui en Italie ont recueilli douze chiens abandonnés, font appel à lui, de même que Sylvie Vartan, dont il examine régulièrement encore les bichons frisés lorsqu'elle revient des USA. Quand le gouverneur du Québec décide d'offrir Mascou, un labrador noir, au maire de Paris, Jacques Chirac, il s'adresse à Philippe de Wailly et à son collègue François Lubrina. Il est appelé en consultation un peu partout dans le monde. Simultanément, il devient responsable de la santé des nombreux malinois de l'unité cynophile de la ville de Paris, et des brigades de la RATP et de la Police nationale. Philippe Cousteau, fils du commandant, l'appelle en Floride pour l'aider à tourner un film sur Dolly, dauphine apprivoisée.

La notoriété de Philippe de Wailly est amplifiée par les livres qu'il publie aux Presses de la Cité, chez Solar (que dirige Georges Leser) et aux Éditions du Rocher (sous l'égide de Jean-Paul Bertrand). Des monographies, des conseils et des réflexions sur les pouvoirs des bêtes et les messages qu'elles nous adressent. Certains livres, comme *Le Sixième Sens des animaux*, préfacé par Brigitte Bardot, ou *Les Messages d'amour des animaux*, préfacé par Alexandra Cousteau, sont des best-sellers. En 1999, il reçoit des mains de Jean Tiberi la médaille de Vermeil de la ville de Paris ; en 2006, l'Award de la fondation du prince Laurent de Belgique ; en 2007 la médaille d'or de la Société centrale canine. Aujourd'hui, il anime toujours sa clinique de Boulogne entre deux séjours, avec son épouse Monique, chez sa fille Isabelle May, qui habite l'Angleterre. Il est particulièrement fier de ses deux petits-enfants, Oliver (13 ans) et Alice (11 ans).

Ce nouveau livre s'inscrit dans une perspective particulière. Cette fois, Philippe de Wailly inverse, en quelque sorte, l'éclairage du problème – en révélant tout ce que les bêtes nous apportent et tout ce que nous pouvons en attendre. Car les perspectives sont vertigineuses.

« On admet communément, affirme Philippe de Wailly, que des animaux qui vivent sur notre planète, nous ne connaissons que 20 à 30 % des espèces ! Chez les insectes, c'est encore plus frappant : moins de 10 % des insectes seulement auraient été identifiés – et étudiés. Les insectes, si on y réfléchit, sont les vrais propriétaires de notre planète. Une récente estimation du docteur Mary Berenbaum de l'université de l'Illinois (USA) estime leur population à dix quintillions. Cela s'écrit 10 000 000 000 000 000 000 000 ! »

Ces chiffres ont été récemment confirmés par Terry Erwin, entomologiste et éthologue du Smithsonian Institute de Washington. Ils laissent rêveur. Sur la canopée (le sommet des grands arbres des forêts tropicales), des chercheurs découvrent chaque jour, par centaines, de nouvelles espèces. Si l'on se tourne vers les océans, on ne peut citer de chiffres, mais ils renferment surtout à grande profondeur des quantités de créatures inconnues – mollusques, crustacés, éponges, etc. détenteurs de trésors biomédicaux.

Sur l'homme, les menaces et les périls s'accumulent : la déforestation, les pollutions, la diminution des ressources naturelles, les manipulations génétiques, les mutations virales, les risques atomiques, les épidémies, une alimentation de plus en plus artificielle. Pour l'humanité en surchauffe, déséquilibrée et malade, partagée entre la surconsommation et la famine, atteinte de dépression et de vertige de l'espace, se tourner vers le monde animal est impératif. Ce livre du docteur de Wailly en apporte la démonstration : les bêtes soignent nos maux, prolongent notre vie. Elles représentent peut-être la grande chance – la seule ? – de survie de l'espèce humaine menacée.

Gilles Lambert

Prologue

Depuis la première édition de cet ouvrage en 2009, deux excellents amis nous ont quittés : Jean-Paul Bertrand, fondateur des éditions Alphée, et Gilles Lambert, mon collaborateur et auteur de l'avant-propos.

Deux auteurs animaliers ont retenu mon attention : Joelle Dutillet, pour ses *Histoires vraies d'animaux exceptionnels*[1], et Jean-Luc Vuillemenot, pour son livre *Un animal et la vie est plus belle*[2].

J'aimerais rappeler une phrase d'un éminent chercheur, Pierre Potier, qui fut directeur de l'ICSN (Institut de Chimie des Substances Naturelles) à Gif-sur-Yvette : « Bien souvent, les molécules actives sont découvertes par hasard ou à partir d'une utilisation empirique… Aujourd'hui, cette chimie thérapeutique issue des substances naturelles doit

1. Le Courrier du Livre, 2010.
2. Ixelle Éditions.

plus que jamais puiser des idées et des molécules au sein du “Magasin du Bon Dieu”[3]. » Avec une expérience supplémentaire, nous devons intégrer la préservation et la conservation de ces richesses. Nous ignorons la majeure partie de ce trésor, et déjà nous le malmenons au lieu de le protéger en lieu sûr. À la place, les hommes jouent aux apprentis sorciers et tentent de créer davantage de diversité générique. Cela fait seulement quinze ans que les scientifiques ont effectué des transferts de gènes sur les plantes.

Quel est l’avenir de ces manipulations génétiques ? Aucun généticien ne peut réellement prédire le meilleur ou le pire. À côté de ces manipulations d’avant-garde, nous laissons mourir sous nos yeux une nature à la diversité génétique incroyable. Des milliards d’années ont rendu possibles ces sélections successives afin d’aboutir à des organismes infiniment adaptés et diversifiés. L’homme voudrait imiter cette fabuleuse entreprise en une génération ! Prométhée aussi souhaitait voler le feu et Icare se rapprocher du Soleil. Allons-nous continuer à nous brûler les ailes ? La Nature est là : elle a encore bien des secrets à nous révéler et des remèdes à nous fournir… Ouvrons les yeux !

Dans son meilleur livre *Avant que nature ne meurt*[4], le professeur Jean Dorst, directeur honoraire du Museum national d’histoire naturelle, estimait que pour le siècle à venir, nous aurions à déplorer

3. Pierre Potier, Éditions Jean-Claude Lattès, 2001.
4. Delachaux et Niestlé, 1965.

l'extinction de plusieurs milliers d'espèces d'oiseaux, de plus d'un million d'espèces de mammifères ! Il évoquait la destruction de plus de 15 millions d'hectares de forêts tropicales, correspondant à la superficie de l'Autriche !

Je fais donc mienne cette interrogation de Jean-Marie Pelt, ethnobotaniste célèbre : « Préférons-nous l'orgueil du Docteur Faust à la candeur du Petit Prince, tout ému par la découverte des beautés du monde ? Voilà l'enjeu du siècle qui s'ouvre devant nous[5]. »

5. *Les nouveaux remèdes naturels*, Éditions Marabout, 2005.

Première partie

Les « bêtes » médicinales

I

Coup d'œil sur le passé

Aussi loin que l'on remonte dans l'histoire, les hommes en quête de guérison ou de soulagement se sont tournés vers les animaux. « Depuis des temps très reculés, l'homme a eu l'idée d'utiliser des animaux ou des produits d'origine animale pour prévenir ou guérir des maladies. Sans doute inspirée à l'origine par la superstition, la magie ou la religion, cette idée pouvait aussi reposer sur l'observation fortuite de l'efficacité de certains produits », écrit mon confrère et ami le docteur Jean Blancou, président honoraire de l'Académie vétérinaire de France, et également directeur honoraire de l'Office international des épizooties (OIE), aussi appelé Organisation mondiale de la santé animale.

Dans le plus ancien témoignage d'écriture qui nous soit parvenu (les tablettes chaldéennes d'argile de Sumer, 4 000 ans av. J.-C. environ) sont évoquées les vertus curatives du miel d'abeille. Les anciens Égyptiens avaient divinisé de nombreux animaux (le chat, le chien, le bœuf, le serpent, l'ibis, etc.), les momifiaient comme ils momifiaient leurs pharaons, et leur prêtaient de mystérieux pouvoirs de guérison. Un des plus anciens papyrus égyptiens, le papyrus Ebers, découvert à Thèbes en 1872, exposé aujourd'hui au musée de Leipzig, est un traité de pathologie médicale et de pharmacologie. Intitulé *Ouvrage de préparation de médicaments pour toutes les parties du corps humain*, il propose une série de remèdes basés sur les graisses d'animaux, le sang et les excréments d'hippopotame, de crocodile, de gazelle, le venin de serpent, la bave de crapaud, la poudre d'insectes... Contre les douleurs de ventre, par exemple, on y recommande la graisse de bœuf mélangée à de l'ail ; les plaies sont traitées par la bouse de vache et le miel ; les tumeurs de l'utérus sont guéries par la graisse animale brûlée ; les maladies de la vessie par des pilules à base de miel d'abeille. On y combat la perte de cheveux par des applications de sang de bœuf noir.

Un autre papyrus égyptien, le papyrus Edwin Smith, conservé à la New York Historical Society, contient les recettes du médecin Imhotep, célèbre à l'époque des Ramsès, qui traite surtout des blessures. Exemple : « En cas de plaie à la tête, après avoir nettoyé et recousu, appliquer le premier jour de la viande animale, et les jours suivants de la graisse mélangée à du miel et de la charpie. »

Plusieurs ostracas (fragments de poterie avec de l'écriture gravée) du Moyen Empire pharaonique proposent aussi des recettes médicales : fumigation des oreilles avec de la corne de daim broyée mélangée à de la fiente de crocodile, du frai de grenouille et de la poudre d'écaille de tortue (ostraca médical 3 255 au Musée du Louvre). Selon Marianne Lancelot d'Ottawa, spécialiste de la médecine d'Orient, il y a presque 5 000 ans, le « petsao chin », la plus ancienne pharmacopée au monde, évoque les pouvoirs à la fois meurtriers et curatifs d'une toxine contenue dans un poisson des mers du Japon, le « fugu » ou « poisson-globe » (voir chapitre sur les créatures de la mer). L'interdiction de manger du poisson sans écailles qui figure dans le Pentateuque hébraïque viendrait de la présence de poissons-globes dans la mer Rouge. Le rite vaudou haïtien utilisait une mixture à base d'extraits de poisson-globe qui mettaient les adeptes dans un état d'inconscience.

Grecs et Romains ont, eux aussi, abondamment fait appel aux animaux pour guérir leurs maux. Les Romains utilisaient les sangsues pour soulager les malaises cardiaques, la folie était traitée par le sang de chien blanc ; le sang de chien noir était supposé faciliter les accouchements difficiles. Pline l'Ancien fait état de l'utilisation des toiles d'araignées pour accélérer la guérison des plaies. Dioscoride, chirurgien de Néron, recommandait d'ingérer le foie rôti d'un chien mordeur, ou d'attacher au bras une canine dudit chien pour éviter « l'hydrophobie rabique ». Andromaque, médecin crétois, du temps de Néron (40 ou 50 apr. J.-C.) découvrit l'antidote du venin de vipère en préparant le fameux électuaire : la « thériaque » que l'on utilisait encore en France en 1884 : parmi les soixante et quelques constituants figuraient des rondelles de chair de vipères bouillies, de l'extrait d'opium (25 mg pour 4 g), du vin de grenache, etc. Le médecin grec Claude Galien conseillait, en cas de morsure, de boire du sang de chien enragé, à condition que le chien soit du même sexe que la personne mordue. En cas d'empoisonnement, ou d'affection de la muqueuse buccale, il préconisait le miel, et la raclure de bois de cerfs contre les vers parasites. Il avait conçu une recette souveraine contre la gale : cendres de tortue brûlée vive, mélangées à de la graisse de baleine et de la vieille urine de cheval !

La médecine hippocratique (IVe siècle av. J.-C.) traitait les maladies internes avec du lait d'ânesse, et conseillait la fameuse « thériaque » en cas de troubles cardiaques. Contre les vers et autres parasites, Hippocrate[6] proposait la bile de bœuf (encore utilisée de nos jours sous le nom de « Rectopanbiline »).

Au premier siècle de notre ère, Dioscoride dans son traité *De materia medica* soignait la vessie malade à l'aide d'insectes grillés, surtout de punaises ; il répertoria plus de 500 drogues d'origine végétale et animale. Depuis, il a été démontré que l'hémolymphe (ou sang des insectes) contient des antimicrobiens

6. - 377 avant J.-C.

(ou défensines). Les chamans d'Amazonie guérissent toujours des infections avec des infusions de blattes. Au Moyen Âge, sainte Hildegarde, dans son traité *Physica*, révèle les propriétés des venins de crapauds et de serpents. L'école de Salerne, par l'intermédiaire d'Avicenne, d'Avenzoar et d'Ibn-al-Baytar, a fait connaître les recettes des médecins grecs.

Les secrets des médecines orientales

La médecine orientale, de tout temps, a reposé (et repose encore en partie) sur les pouvoirs thérapeutiques des bêtes. De nos jours, certaines espèces – rhinocéros, lamantins, tigres, requins, certains mollusques comme les cônes, etc. – sont menacées d'extinction en raison des vertus curatives qu'on leur prête en Chine ou ailleurs. Aux premiers siècles de notre ère, les textes hindous de l'ayurveda recommandent l'urine de cheval pour soigner la « partie supérieure ». Pour suturer les plaies, l'ayurveda fournit les conseils suivants : « Dans les cas d'épanchement par perforation de l'intestin ou des poumons, après avoir extrait la pointe de la flèche et évacué les écoulements, appliquer une colonie de fourmis noires. Après les morsures des insectes, répandre du miel et du beurre fondu et recoudre. » Dans des prescriptions anciennes de la médecine chinoise, on trouve, tant en dilution qu'en poudre, toutes les créatures vivantes, depuis les œufs de vers à soie, et le scorpion séché jusqu'à la carapace de tortue et les testicules de phoque. Même la peau de souris aurait des vertus curatives ! La médecine tibétaine fait appel au loup, à la vache, au mouton, au sang d'éléphant. On retrouve toutes sortes de substances d'origines animales au fil des siècles, dans la médecine du Laos (Theravada) qui fait un grand usage des dents de tigre et de la corne de rhinocéros. Dans l'un de ses carnets de voyage, *Sous le signe de Halley* (Gallimard), Ernst Jünger, âgé de 91 ans, raconte sa visite à la pharmacie chinoise de Kuala Lumpur :

« On estime beaucoup la vertu thérapeutique d'une espère rare de chevreuil ; elle se concentre dans la bile et la queue séchée. Nous vîmes aussi des vésicules biliaires de crocodiles et d'autres animaux : de petits sacs remplis d'une matière semblable à de l'encre séchée. Une écaille de la carapace du tatou passe pour un remède éprouvé contre l'enflure provoquée par les piqûres de moustiques ; la douleur disparaît quand on passe doucement cette écaille sur la piqûre. Les hippocampes étaient les uns petits, les autres, d'une grosseur telle que je n'en avais jamais vu, au point de rappeler des dadas d'enfants. Autrefois, ils ont eu aussi chez nous une valeur officinale. Le vieux Gesner les recommandait comme remèdes contre la rage ; ils passaient aussi pour "favoriser l'impudicité", comme il dit. Peut-être n'ai-je pas tout à fait tort de soupçonner que cette réputation explique qu'on en ait proposé avec une telle abondance. Ici, ils attendent l'utilisateur, de même que les chimères, genre de poisson holocéphale, famille des chimèridés. »

En Orient, la médecine moderne, même si elle a intégré des découvertes de la science occidentale, n'a pas renié ces traditions.

L'huile de petits chiens

On ne peut s'étonner de l'emploi des remèdes de provenance animale à des époques où les « sciences » médicales sont pratiquées par les sorciers, les magiciens, les barbiers, les perruquiers. Pendant des siècles, magie et médecine sont confondues. Comme le souligne le docteur Ange Pierro Lecz :

« En vertu des deux lois de la “magie sympathique”, tout semblable appelle le semblable, et la partie vaut le tout. Par exemple, si le crin d'éléphant est censé prévenir la carie, c'est en raison des magnifiques défenses de l'animal ! »

Dans le *Liber paramirum*, Paracelse[7] pose comme principe que les remèdes doivent avoir la forme et la couleur de la maladie (théorie des signatures). Pour soigner une tumeur (peut-être cancéreuse), Paracelse prescrit le lézard vert, en application ou en poudre. Le docteur Caïus, naturaliste de la reine Elisabeth d'Angleterre, écrit en 1576 :

« Si on souffre de l'estomac ou du poumon, il suffit de frictionner la région douloureuse avec un petit toy spaniel [épagneul nain, NdA], qui enlève le mal et devient quelquefois malade au point d'en mourir. »

Sans doute étouffait-on le pauvre animal en le serrant fortement contre le corps du malade ! Au Moyen Âge, certains guérisseurs badigeonnaient les

7. Bombastus von Hohenheim, médecin alchimiste suisse (1493-1545).

murs de la chambre d'un malade avec du sang canin, d'autres appliquaient une peau de toutou contre le ventre pour guérir l'entérite ; certains charlatans prescrivaient d'enrouler trois fois une peau de chien autour du cou pour diminuer la transpiration des pieds !

Ambroise Paré[8], l'inventeur de la chirurgie moderne, a lui aussi vanté les mérites de « l'huile des petits chiens » préparée à base de chiots nouveau-nés bouillis dans l'huile de lys avec des vers de terre et de la térébenthine : cette préparation facilitait, selon lui, une bonne cicatrisation des plaies. L'application de miel dans lequel on pulvérisait une dent de chien était supposée calmer les rages de dents. Les cendres d'un crâne de chien constituaient une poudre soporifique et digestive capable de guérir une jaunisse. Le massage des gencives d'un bébé à l'aide d'une canine de canidé facilitait l'éruption des dents de lait. Aux grands buveurs victimes de cirrhose, on préconisait la consommation de viande d'un jeune chien de chasse. Comme le soulignait mon regretté confrère et ami le docteur Maurice Barrat[9] :

« Le sang d'un chien constituait un contrepoison universel pour traiter tous les empoisonnements ou les amygdalites, tandis que l'absorption de leurs excréments prétendait guérir la dysenterie. »

Le même auteur nous livre la recette antituberculeuse de l'ancien temps :

---

8. Ambroise Paré, *Œuvres*, 1541, LXXI.
9. *Les Chiens et les Hommes*, Éditions Sully.

« Faire cuire dans du bon vin un chien de quelques semaines et ajouter de la myrrhe et des légumes. » John Moncrieff, auteur, en 1712, de *The Poor Man Physician* (le médecin du pauvre) préconise, pour soigner les enfants, d'étouffer un chiot noir, de l'ouvrir et de prélever six gouttes de la bile qu'on administre à l'enfant. Ceux qui désiraient préparer une lotion efficace pour faire repousser les cheveux incorporaient du salpêtre et des cendres de bois à de l'urine de chiot et à du lait de chienne.

« Selon la tradition, les chiens sacrés du temple d'Esculape étaient dressés à lécher les yeux des non-voyants ; leur salive antiseptique était supposée guérir leur cécité. En cas de morsure grave et infectée, il convenait de plumer un coq, de mettre le "trou du cul" sur la morsure. » (Gaston de Foy, surnommé Phébus, 1331-1391.)

Guérir la rage avant Pasteur

Dans les secrets du *Grand Albert*, recueil de « secrets de magie éternelle » rédigé au XIIIe siècle, l'auteur signale l'usage, comme sortilège ou talisman, du sang de poule noire ou blanche, de huppe, de pigeon blanc, de corneille, du foie de pigeon, de la cervelle de merle, en y associant la moelle des os du pied gauche d'un loup, les pattes de taupe, les poils de jument… ou de jeunes cigognes écrasées.

« Une femme devient grosse, si, couchant avec son époux, elle a sur elle de la bouse de vache et de la corne de cerf réduite en poudre », lit-on dans un grimoire de sorcellerie qui conseille l'utilisation des « fientes » et urines de toutes sortes. L'usage médical de la bouse de vache fraîche ou séchée fait l'objet d'un petit chapitre insolite de Bernard Belin[10]. Comme le souligne Louis Levesque, vétérinaire de Bayeux :

« Des recettes populaires d'origine inconnue ont trouvé de nos jours une justification scientifique, par exemple, les escargots écrasés appliqués sur les inflammations ou traités en sirop pectoral ont une action bénéfique que la richesse de la bave en hyaluronidase explique parfaitement. »

Les savants ibériques, parmi lesquels de Acosta, mentionnent les vertus des bézoards, concrétions pierreuses secrétées dans les intestins et estomacs de vigognes, de chèvres du Pérou et de boucs de Perse comme antivenins, tout comme la « pierre de malade » extraite du fiel de porc-épic[11]. Monardes[12] raconte que la « pierre des caïmans », que l'on trouve parfois dans les estomacs des crocodiles, appliquée sur les tempes, apaise la malaria et que les « pierres de tête » du gentil lamantin sont recommandées en cas de maladie rénale (on peut, de nos jours, admirer des lamantins dans les aquariums géants du parc de Bellevue à Saint-Aignan-sur-Cher). Leurs larmes auraient des propriétés aphrodisiaques.

---

10. *Animaux au secours du handicap*, l'Harmattan, 2000.
11. *Les Pratiques guérisseuses des animaux en Basse-Normandie*, Imprimerie de la Renaissance du Bessin à Bayeux – *Les Mémoires d'un péquenot*, Éditions Ouest France.
12. *Histoire des simples médicaments*, 1619, chap. XX.

« Eusebio Valli (1799) essayait d'inoculer à l'animal mordu de la salive d'un chien enragé préalablement "incubée" dans du suc gastrique de grenouille », révélait mon très regretté ami Jean Theodorides[13].

« Sur la morsure d'un chien enragé, appuyez, pour aspirer le venin, d'après le conseil de Bacci, le croupion d'un poulet vivant ou fraîchement tué, à moins que vous ne préfériez faire avaler à la victime de la poudre de crabes fluviatiles calcinés délayée dans un verre de vin », écrit Paul Delaunay[14].

Le même auteur nous rapporte la formule de Fernel contre l'épilepsie : il préconisait le port en bague ou en pendeloque d'un morceau de corne de sabot d'élan extrait de la patte gauche.

Au XVIIe siècle, Jean de Renou inscrit dans sa *Pharmacopée* l'ambre gris, qui est en fait constitué des excréments de cachalots nourris de poulpes musqués. Selon le docteur Lavoslav Glesinger (*Revue de médecine hébraïque*, 1938), le rabbin Mathia ben Kemeihe préconisait chez celui qui a été mordu par un chien enragé de manger certaines parties du foie de cet animal... Un autre « spécialiste » nommé Abbaye recommandait à celui qui a été mordu de prendre la peau d'une vipère, sur elle d'écrire des versets, puis de se déshabiller et d'enterrer ses vêtements au cimetière. Au bout de douze mois, il doit les déterrer, les incinérer dans un fourneau et disperser la cendre à une croisée des chemins.

---

13. *Histoire de la rage*, Casterman, 1986.
14. *La zoologie au XVIe siècle*, Éditions Hermann, 1962.

Le médecin philosophe persan Avicenne (980-1037), dans son *Canon de la médecine*, conseillait d'appliquer sur la morsure un foie desséché de chien enragé. Rhazes (854-923) recommandait l'écrevisse associée à de l'urine de chameau.

Au XXe siècle encore, nous révèle mon confrère Loïc Lecœuvre, de nombreux chats berrichons avaient l'oreille droite entaillée suite à la coupe du pavillon, appliqué ensuite sur la poitrine pour soigner une pneumonie rebelle ! Au Ve siècle, Alexandre de Tralles recommandait le lait d'ânesse pour traiter la phtisie ; en 1680, Willis préférait un mélange de quinquina, de soufre et de lait de femme. Au XVIe siècle, la syphilis était – en principe – guérie par un mélange de graisse de porc et d'onguent de mercure ! En 1862, à Londres, le docteur Hasting prônait l'emploi des excréments de serpents et de lézards pour soigner la tuberculose ; des guérisseurs proposaient une préparation à base d'escargots écrasés, aux vertus multiples.

La légende des aphrodisiaques

« Depuis des siècles, les habitants de la Sibérie, du Kazakhstan et de l'Altaï vendent aux Chinois des bois sous velours, donc pas encore tout à fait développés, de sikas, de cerfs de Dybowski ou de Bernhard, de marals de l'Altaï », écrivent Bernhard Grzimek et Maurice Fontaine[15]. Ces bois étaient

15. *Le Monde animal*, tome X, Éditions Stauffacher, Zurich, 1971.

vendus en bottes, et empaquetés dans diverses régions d'Asie orientale. C'est une des raisons de la disparition des cervidés dans de vastes régions de Russie. Les paysans s'assuraient des gains supplémentaires en élevant des cerfs dans les enclos et en sciant, chaque année, les bois sous velours encore emplis de sang.

Pour les Asiates orientaux, les bois sous velours, surtout ceux des cerfs rouges et des sikas, passent pour excitants et fortifiants. Les hormones sexuelles et leurs constituants sont extraits par des procédés très minutieux de séchage, broyage ou lessivage ; on appelle cette substance « pantocrine » ou « panty ». Le sang qui coule pendant le sciage est recueilli, séché et utilisé comme médicament.

L'Union soviétique a créé des fermes d'État où on élevait les cerfs pour la production de pantocrine. Les bois sont trempés, souvent à intervalles réguliers, dans de l'eau presque bouillante. En séchant, ils perdent 40 à 60 % de leur poids. Il ressort d'expériences cliniques faites par l'Académie des sciences de Moscou, que ces bois de cerfs ainsi traités contiennent (contrairement aux cornes de rhinocéros, inefficaces) des quantités importantes d'hormones sexuelles de nature à combattre certaines déficiences dues à l'âge et à aider à la cicatrisation des plaies. Aujourd'hui, on peut encore contempler certaines sous-espèces de sikas et les cerfs rouges asiatiques dans ces fermes russes, alors qu'en liberté, ils ont presque disparu.

Mon ami pharmacien Jean-François Royer a pu, lors d'un voyage récent au Vietnam, constater que la bile d'ours était toujours recherchée pour ses propriétés aphrodisiaques.

Une annonce publicitaire récente propose des gélules de lait de jument comme fortifiant (Equilac) et comme adjuvant contre les dermatites prurigineuses (25 ml par jour). Yves Plessis, dans le *Premier colloque d'ethnozoologie* (1975), signale que la pêche aux holothuries s'effectue aux îles Philippines pour fabriquer le trepang, aliment auquel les insulaires prêtent un pouvoir aphrodisiaque. La peau de ces « concombres de mer » a un pouvoir anesthésiant local sur les piqûres d'oursins et contre les brûlures provoquées par les méduses (voir chapitre sur ces créatures marines).

Albert le Grand, théologien dominicain, philosophe, maître de saint Thomas d'Aquin, qui naquit à Lauingen en Souabe, en 1193, recommandait les excréments, la bile et la cervelle du chat comme remède contre l'alopécie, le paludisme et les rhumatismes lombaires. Saint Bernard de Clairvaux (1090-1153), déplorant le luxe étalé par les moines, interdisait l'usage des peaux de chats auparavant utilisées à l'abbaye de Cluny (1095) et à celle d'Hirschau. Au XIIe siècle, par contre, le consul de Westminster décrète que les fourrures des chats constituaient le privilège des abbesses.

Guérir avec les loups

Dans son joli livre *Carnets sauvages*[1614], Hélène Grimaud nous rappelle l'utilisation d'organes de loup :

« Redouté, le loup était aussi vénéré pour ses qualités médicinales. Comme certaines peuplades dévoraient le foie de leurs ennemis vaincus pour s'approprier leur courage, nos aïeux préparaient de nombreux remèdes dont le loup composait l'ingrédient principal. Ainsi, dans les vieux recueils de recettes et les grimoires de sorcellerie, on conseillait aux malades atteints de coliques chroniques de faire griller les oreilles d'un loup, puis de les laisser macérer dans un bouillon de chauve-souris. Avant de les consommer, il était recommandé de laisser infuser et de boire le jus très chaud. Contre l'épilepsie, un œil de loup séché pendu en sautoir autour du cou du malade faisait des miracles. Une dent de loup en cabochon sur la bavette de bébé le préservait des accidents. Le foie séché au four soulageait les maladies hépatiques si on le dévorait, et les verrues si on le posait en cataplasme. Une griffe de loup frottée doucement contre les gencives de l'enfant aidait la pousse et la vigueur des dents. La langue séchée, portée de la même façon, éloignait les mauvaises langues et les faiseurs de ragots. En prime, elle assurait de bons gains au jeu. D'ailleurs, souverain

16. Éditions Robert Laffont. Ce livre lui valut le prix Fernand Méry de l'Académie vétérinaire de France et du groupe des écrivains médecins en 2005.

contre certains maux, le loup l'est aussi contre les mauvais sorts et pour attirer les bonnes influences : la peau de loup, portée en col ou en cravate, rend heureux en amour. Transformée en chausses, elle instille aux jeunes soldats courage et pugnacité au combat. Le museau de loup, séché puis réduit en poudre, chassait les démons et les mauvais sorts, tandis que la queue, enterrée dans la cour d'une ferme, écartait les ondes maléfiques et protégeait les animaux. »

On pourrait ajouter de nombreux exemples à ceux que j'ai réunis dans ce chapitre. La leçon qui s'en dégage est simple et évidente : sous les formes les plus diverses, et dans des contextes qui nous semblent aujourd'hui aberrants (mais pas toujours), nous n'avons jamais cessé, au fil des siècles, de demander assistance à nos amis – les animaux. Et cela continue.

En médecine vétérinaire

Capable de guérir les hommes, les animaux ont évidemment contribué à guérir leurs semblables : ils ont toujours constitué, et dans une certaine mesure constituent toujours, un arsenal efficace en médecine vétérinaire. Aristote, dans son *Histoire des animaux* (333 av. J.-C.), conseille pour guérir les pustules de la fièvre charbonneuse chez les animaux de les recouvrir d'une musaraigne éventrée ! Chez les Arabes, les chevaux malades étaient traités jadis à l'aide de rats avalés par des serpents ! J'ai trouvé un texte de Vial de

Sainbel, fondateur du Royal Veterinary College de Londres, en 1792, qui faisait grand cas de la poudre de coléoptère, filtrée dans l'huile de laurier.

Le docteur vétérinaire Jean Blancou écrit : « Les remèdes à base de crottes de chat imbibées de miel et de poils calcinés d'ours, de phoque et de caméléon étaient encore en usage au XVIe siècle. »

En 1560, un certain Beristain écrivait : « Les animaux sont bons pour guérir les autres bêtes. Quand les chiens sont atteints de la "garotiko" (connue dans notre pays aujourd'hui sous le nom de maladie de Carré, ou du jeune âge), il est facile de les guérir avec la queue d'un opossum séchée et réduite en poudre, mélangée ensuite aux aliments. »

Je pourrais allonger cette liste d'exemples ; ceux que j'ai cités suffisent à démontrer qu'en médecine vétérinaire aussi, les animaux ont toujours été et sont toujours à nos côtés.

II

Les insectes à votre service

Bien qu'entomologiste (spécialiste des insectes) de formation, il m'est arrivé, comme vous, de pester contre un moustique (on devrait dire « une moustique », car seule la femelle est responsable des piqûres), d'écraser une fourmi, de chasser brutalement une guêpe, une mouche ou une araignée importune. Cela n'atténue en rien le respect que m'inspirent les insectes. Et qu'ils vont vous inspirer si vous lisez ces lignes.

Sachez d'abord que ces petites créatures, parfois minuscules, ou même invisibles, sont en réalité les vrais « propriétaires-occupants » de notre planète.

Pour chaque être humain, on dénombre plusieurs dizaines de milliards – vous avez bien lu : dizaines de milliards – d'insectes ! Et de cette fabuleuse population nous ne savons, en définitive, que peu de choses : nous ne connaissons, selon les estimations, que 10 à 20 % des espèces ! La majorité des insectes, en effet, vit dans les forêts équatoriales (où d'ailleurs ils sont menacés par la déforestation galopante) et nous sont inconnus.

Ce qui est sûr, c'est que cette énorme population a joué – et joue toujours – un rôle primordial dans notre nourriture et dans notre lutte pour la survie. Sans les insectes qui nous ont certainement précédés sur cette planète, nous ne serions pas ce que nous sommes. Peut-être même aurions-nous, comme les dinosaures, disparus de la surface de la Terre.

Notons que les insectes qui balisent notre passé sont aussi à l'origine de découvertes capitales pour notre avenir. D'abord celle de la structure de l'ADN, composant principal du noyau de la cellule. C'est en tirant profit du court cycle de reproduction de la mouche du vinaigre *Drosophila melanogaster*, dix jours à la température de 28 degrés, que le biologiste américain Thomas Hunt Morgan (1866-1945) a mis en lumière, à travers les chromosomes géants des glandes salivaires des larves de l'insecte, la répartition de gènes, et nous a permis de comprendre la structure moléculaire des acides nucléiques de la cellule et leur signification pour le transfert de l'information au sein de la cellule vivante. Cette découverte devait conduire au prix Nobel de médecine de 1962, décerné à J. D. Watson, F. Crick et MHF Wilkins. Ce prix avait été décerné à Thomas Morgan en 1933.

C'est clair. Si on peut reprocher à quelques insectes (moustiques, mouches tsé-tsé) de propager de néfastes maladies infectieuses (malaria, dengue, fièvre jaune, chagas, etc.), il faut admettre que nous leur devons beaucoup dans le domaine de la santé – et que dans les années qui viennent, notre dette de reconnaissance ne va cesser de croître. Les insectes ont aussi été utilisés au fil des siècles comme aliments, ou compléments alimentaires. Cela paraît évident, compte tenu de leur teneur en protides et lipides. J'ai, sur ce sujet, recueilli beaucoup de témoignages : Indiens ou Eskimos ont toujours fait (et, pour certains, font toujours) une consommation régulière d'insectes, ingérant, par exemple, les poux, les larves de parasites des caribous, ou encore les larves contenues dans l'estomac des morses. Le potentiel nutritionnel des insectes ne peut être ignoré. Dans ce livre, je me limite à décrire leur pouvoir thérapeutique (l'entomothérapie).

Sa Majesté la mouche

Les insectes guérisseurs m'ont toujours passionné. Ma thèse de doctorat était consacrée à l'étude d'une tribu de coléoptères de Madagascar. Parmi ses représentants : le hanneton *Tricholepis*, dont des cousins aquatiques, les colymbetes et les cybisters, sont recherchés par les indigènes de l'île, et contiennent un alcaloïde ayant le pouvoir d'abaisser la tension artérielle chez l'homme. Il sera sans doute exploité en pharmacie sous le nom de « Colymbetine ». Dans les premières années de ma carrière, avec mon ami Jean Théodorides du CNRS, nous avons publié des *Remarques sur l'usage passé et présent des insectes dans l'alimentation et la thérapeutique.* En quelque sorte, le chapitre préliminaire de ce que je vous propose aujourd'hui.

Depuis, j'ai gardé contact avec les chercheurs, les médecins, les vétérinaires intéressés par ce sujet encore en partie inexploré, et extraordinairement riche en promesses. Dans un livre récent, *Le Système des insectes*, le docteur Berimbaum, une autorité sur le sujet, n'a-t-il pas écrit :

« L'immense assortiment de substances produites par les insectes comprend des composés émétiques, vésicants, irritants, à visée cardiologique ou neurotoxique, un véritable réservoir d'agents pharmacodynamiques. »

Jugement confirmé récemment par le docteur Théodor Eisner, de l'université de Cornell :

« Les insectes et leurs proches constituent les ressources les moins exploitées et les plus prometteuses de la nature, sur le plan des découvertes de nouveaux produits pharmaceutiques. »

Le professeur Mircéa Ciuhrii, dans son laboratoire de Bucarest, a mis au point plusieurs spécialités anti-infectieuses (traitement des hépatites, des prostates) et antitumorales, extraites de chrysalides de papillons et d'œufs de hannetons – dont il a collecté plusieurs tonnes ! Le professeur Ciuhrii va, dans un avenir proche, exposer ses travaux d'entomothérapie active devant l'Académie vétérinaire de France.

Revenons sur cet insecte diptère particulier et si riche de promesses : la mouche du vinaigre. Quasi invisible (elle mesure 4 mm), elle possède 13 601 gènes et dispose de 4 paires de chromosomes (chez l'homme, 25 000 gènes et 23 paires de chromosomes). En 2003, le généticien américain Craig Venter a décrypté son génome (ensemble des chromosomes et des gènes). Ses travaux ont fait sensation par les perspectives qu'ils ouvrent.

« Ce qui est important, a écrit F. Lewino, c'est que sur les 289 gènes humains capables de causer une maladie, 177 possèdent des équivalents chez la mouche drosophile. En les scrutant, la médecine espère décrypter le cancer du côlon et le mélanome (cancer de la peau), la dépendance à la cocaïne, la résistance au paludisme, etc. »

Le même auteur envisage la possibilité d'isoler une protéine capable de jouer un rôle important dans les mécanismes de la mémoire et dans le combat contre les pathologies neurodégénératives comme la maladie d'Alzheimer (la molécule Crammer).

Notons avec un autre auteur (Pierre Potier) qu'un extrait à étudier exige le sacrifice de 20 000 mouches ! Mais cela ne décourage pas les laboratoires : on travaille sur des antimicrobiens capables de combattre le redoutable staphylocoque doré et la mucoviscidose (produits en cours d'examen). Voici des noms qui, dans un proche avenir, pourraient vous devenir familiers : drosomycine, defensyne, cetrophine, diptericine, attacine. Tous issus de nos amies les mouches ! Récemment, un article de la revue américaine *Nature Neuroscience* a retenu mon attention. Signé par le professeur Shen (université de Georgie), il signalait qu'une mouche à fruit (drosophile), logiquement droguée au fructose, s'en désintéressait soudainement, sans souffrir du manque. La substance responsable de ce sevrage miraculeux a été isolée et synthétisée. Sous réserve des tests habituels (échelonnés sur cinq ou six ans), on serait, grâce à cette mouche, sur la piste d'un produit antidrogue qui aurait aussi, selon le découvreur, des vertus antidouleurs.

Les promesses de l'asticot

Avant la mouche, il y a la larve (ou asticot). Et l'asticot est générateur de substances bénéfiques – à telle enseigne qu'on parle désormais d'« asticothérapie ».

Ce n'est pas vraiment une découverte. Ambroise Paré y avait pensé : il y a longtemps que l'asticot est utilisé par les chirurgiens, qu'on dépose des larves sélectionnées (en principe des larves de diptères brachycères) dans les plaies purulentes, de cicatrisation difficile. La méthode a été perfectionnée vers 1930 par le docteur Baer avec des larves élevées en milieu stérile, et mise en pratique dans le traitement des ostéomyélites. Il est prouvé que la larve produit un mélange d'enzymes dites « protélytiques » ayant le pouvoir de dissoudre les tissus nécrosés, qu'elles ingèrent ensuite comme source de nourriture ;

pendant ce processus, elles détruisent des bactéries – y compris des souches résistantes aux antibiotiques comme celles du redoutable staphylocoque doré.

Actuellement, l'« asticothérapie » fait l'objet de recherches très poussées. À l'université de Jérusalem, le docteur Kosta Mumcuoglu anime une équipe très active. Il a commencé à étudier la thérapie par les asticots il y a quelques années, quand deux personnes, séparément, ont demandé son aide. « L'une était un homme de 75 ans, atteint de diabète, qui avait déjà été amputé d'une jambe, explique-t-il. Une grave infection atteignait son autre jambe qu'il risquait aussi de perdre. "Vous devez m'aider, a-t-il supplié. Je préfère mourir que de les laisser m'amputer à nouveau". L'autre était un médecin spécialiste des personnes âgées connaissant des problèmes circulatoires à leurs extrémités par suite d'un diabète ou de plaies que les antibiotiques les plus puissants ne parviennent pas à guérir. "La chirurgie elle-même est inefficace", m'a-t-il déclaré. Elle ne peut enlever le moindre lambeau de tissu infecté, et tant que les tissus infectés ou en cours de décomposition demeurent, la plaie ne peut pas cicatriser ; en général, elle se détériore, un processus qui aboutit invariablement à l'amputation. »

Ces appels à l'aide l'ayant ébranlé, le docteur Mumcuoglu a commencé à lire tout ce qu'il trouvait sur la thérapie par les asticots.

« L'utilisation de larves de mouches pour désinfecter les plaies était pratiquée jusqu'à la fin des années 1940, date à laquelle les antibiotiques et l'amélioration de la désinfection chirurgicale des plaies l'avaient fait tomber en désuétude, explique-t-il. C'était un traitement médical efficace. Le médecin chef des armées de Napoléon, Larrey et un major de la guerre civile américaine avaient tous deux remarqué que la guérison des soldats dont les blessures étaient infestées d'asticots obtenait de meilleurs résultats que les autres, les larves de mouches détruisant les tissus morts sans abîmer la matière saine. Jusque dans les années 1940, la thérapie par les asticots a été utilisée aux États-Unis dans plus de 300 hôpitaux.»[17]

La priorité consistait, pour le docteur Mumcuoglu, à choisir l'asticot adéquat, celui qui se nourrit sur des chairs en décomposition ou nécrosées sans porter atteinte aux tissus sains. Ensuite, préparer des asticots aseptiques afin de ne pas ajouter une nouvelle infection à une plaie déjà suppurante. Après avoir choisi son insecte, le docteur Mumcuoglu exposa à l'air libre un peu de foie en putréfaction.

«J'ai immédiatement été assailli par toutes sortes de mouches, rapporte-t-il. Mais celle que je recherchais était la mouche à deux ailes, de couleur vert métal. J'en ai ramassé quelques-unes. Les mouches se sont montrées coopérantes et chacune a pondu entre 200 et 300 œufs.»

En quelques jours, les œufs ont éclos en de minuscules asticots que le docteur Mumcuoglu a fait

17. Avant 1980, nous utilisions la chymotrypine avec efficacité.

grandir dans un milieu adapté pendant quarante-huit heures jusqu'à ce qu'ils atteignent la taille voulue. Il les a ensuite stérilisés dans une solution peu concentrée de formaldéhyde, les rendant aseptiques.

« Lorsque j'ai vu sa plaie, je n'en croyais pas mes yeux, affirme-t-il. Je n'arrivais pas à croire qu'à cette époque de la médecine moderne, une chose aussi terrible fût possible. Le pied de l'homme était gonflé, violet et dégageait une odeur effroyable ; un pus jaune et épais s'écoulait constamment, pourrissant littéralement sur son corps. »

Ayant soigneusement calculé le nombre des asticots en fonction de la taille et de la profondeur de la plaie, le docteur Mumcuoglu en intégra un millier avant de coller une gaze pour garder les asticots en place.

« En dépit de tout ce que j'avais lu, j'ai eu du mal à croire ce que je voyais deux jours plus tard, rappelle-t-il. Les asticots avaient travaillé comme de minuscules microchirurgiens, dévorant le tissu en décomposition avec la plus grande précision. Je les ai remplacés par d'autres asticots neufs. En quelques jours, les diverses "équipes" d'asticots avaient supprimé la moindre source d'infection. Compte tenu de leur durée de vie, les asticots doivent être remplacés après quelques jours. Lorsque le traitement est terminé, il suffit de les retirer. » La jambe de l'homme était sauvée. Peu après, le docteur Mumcuoglu a traité un cas identique (également un unijambiste diabétique) dont il a sauvé la jambe.

Depuis, soixante plaies chez quarante-cinq patients ont été traitées avec succès.

En observant de plus près ces asticots microchirurgiens, ce spécialiste a découvert qu'ils contribuent à la cicatrisation des blessures autrement que par la seule suppression des tissus morts et infectés.

« Les asticots sécrètent trois substances différentes qui, toutes, aident à la cicatrisation des tissus, a-t-il écrit. L'une est une sorte d'antibiotique : la nourriture de l'asticot est le tissu en décomposition qui contient des bactéries mortes, en sorte qu'il a développé des antibiotiques naturels puissamment efficaces pour se protéger lui-même. Nous avons testé ces antibiotiques produits par les asticots sur plusieurs types de bactéries résistantes aux antibiotiques ordinaires, et nous avons découvert qu'ils agissaient très efficacement. »

L'équipe a trouvé qu'outre les antibiotiques, l'asticot sécrète des sels qui modifient le pH de la plaie, la rendant moins acide et plus neutre. Enfin, l'asticot sécrète une substance qui accélère la cicatrisation en stimulant le système immunitaire. Une conférence internationale a rassemblé, en 2005, à Jérusalem, une cinquantaine de spécialistes, et ces travaux ont fait sensation.

À l'université de Los Angeles, le docteur Irvine travaille sur les larves de la mouche *Phaenicia sericata*. Stérilisées, elles sont présentées en bacs de 500 à 900 unités. (Elles sont utilisées en médecine vétérinaire, en particulier pour les plaies des chevaux par mon ami Perrin dans sa clinique.)

En Grande-Bretagne, à l'hôpital Princess of Wales de Cardiff, on produit des larves stériles de la mouche verte commune (*Lucilla sericata*) à l'intention des chirurgiens traitant les plaies infectées, les ulcères veineux ou artériels, les escarres, les brûlures. Ces larves sont aussi utilisées dans la préparation des greffes. Des chercheurs de l'université de Swansea, au pays de Galles, parmi lesquels le docteur Norman Ratcliffe, ont annoncé à l'été 2003 qu'ils avaient extrait des sécrétions naturelles de la larve de la mouche verte une substance – la seraticine – efficace contre les staphylocoques dorés, les colibacilles et d'autres bactéries agents principaux des affections nosocomiales (contractées à l'hôpital) résistantes aux antibiotiques habituels. Découverte considérable, on le conçoit, si elle est confirmée. Il y a tout de même une réserve : pour obtenir une seule goutte de seraticine purifiée, on doit disposer d'un litre de jus d'asticots, soit environ 20 tasses ! Cette nouvelle asticothérapie est désormais utilisée en France par la docteure Anne Dompmartin du service dermatologie du CHU de Caen.

En Suède, à université de Göteborg, on conduit avec les asticots une expérimentation de grande envergure sur des patients atteints d'ulcères. En France, le laboratoire Bioparc, à Hauterive, développe un élevage. Tout indique qu'on peut s'attendre à la mise en circulation, dans un proche avenir, de substances anti-infectieuses de plus en plus actives. Merci aux larves de nos chères mouches !

Vos amis les coléoptères

Je ne l'ai jamais caché, j'ai un faible pour les coléoptères, qui fascinaient mon père, ingénieur agronome, et qui, lorsque j'avais 17 ans, m'ont ouvert les portes du Muséum d'histoire naturelle de Paris (un record de précocité, je pense). Avec les créatures de la mer, dont je parle plus loin, les coléoptères (hannetons, scarabées, charançons, coccinelles, etc.) constituent une réserve considérable de substances bénéfiques – de médicaments.

Selon les estimations de J. Erwin, du Smithsonian Institute de Washington, grand spécialiste des insectes d'Amazonie, il existerait de 6 à 30 millions d'espèces de coléoptères, et un dixième seulement de ces espèces a été décrit et étudié ! Chez les seuls coléoptères aquatiques (dont les pattes postérieures ont la forme de rames), on dénombre vingt mille espèces. Parmi les charançons – de la famille des coléoptères –, il y aurait plus d'espèces que dans l'ensemble des mammifères !

Ces chiffres peuvent donner le vertige. La petite partie que nous connaissons mérite néanmoins votre attention. Pensez à la cantharide – qui est un coléoptère malgré son surnom de « mouche espagnole ». Elle fait partie de la famille des méloïdes comme on le sait, elle est à l'origine du fameux aphrodisiaque connu depuis l'Antiquité – et dont le marquis de Sade faisait, paraît-il, un usage immodéré (il fut accusé d'avoir, en forçant la dose, empoisonné des prostituées). Une gelée de cantharidine est utilisée en dermatologie (contre les verrues) et en médecine vétérinaire comme révulsif, en cas de tendinite.

D'autres coléoptères font l'objet d'études poussées en laboratoire. Je pense au sympathique hanneton géant de Madagascar – l'île de mes débuts – le *tricholepis*, aux *curculionidae* et aux goliaths géants du Cameroun. La graisse de leurs larves renferme des éléments de grande valeur, anticarentiels, étudiés actuellement en laboratoire.

On utilise encore aujourd'hui de l'huile de hanneton (*melolontha*) en Europe centrale, contre l'anémie. Au Brésil, elle entre dans l'élaboration de plusieurs médicaments qu'a étudiée le docteur Rabow, médecin et entomologiste allemand.

J'ai moi-même découvert en Provence, à Barbentane, près d'Aix-en-Provence, un guérisseur toujours très recherché dans la région pour son « bouillon de cloportes » aux effets, paraît-il, bienfaisants dans les cas d'arthrose.

Des alliés surprenants : papillons et fourmis

Bien d'autres insectes ont droit à notre estime et à notre reconnaissance, car ils contribuent – parfois à notre insu – à améliorer notre vie. Les papillons, par exemple. On les admire, on les collectionne. Mais qui sait qu'ils sont à la base de substances à grande valeur thérapeutique ? Du papillon *heliotis*, on extrait un gel, l'héliomicine, étudié à l'université de Strasbourg (service du professeur Hoffman), qui aurait une action anti-infectieuse, en particulier sur le staphylocoque doré. Ce gel est en phase 3 d'expérimentation ; son effet sur certains champignons est déjà démontré.

Un autre papillon nommé *hyalophora cecropia* a donné naissance à la cécropine, qui possède une action détergente sur les membranes cellulaires et dont on étudie le potentiel anticancéreux. Plusieurs produits extraits de papillons font l'objet d'études très pointues dans le département d'immunologie de l'université d'Uppsala en Suède.

En 1950, on a étudié les chenilles (les larves) d'un papillon appelé *galleria mellonella*. Ces chenilles, nourries à la cire d'abeille, possèdent un enzyme qui agit sur le revêtement cireux du bacille de Koch, responsable de la tuberculose.

Des papillons et des chenilles, nous pouvons espérer isoler, dans un proche avenir, d'autres substances de grand intérêt thérapeutique. Les fourmis – une immense famille – ont, de tout temps, été utilisées comme médicaments par les sorciers et les guérisseurs de la forêt. Aujourd'hui, dans certaines régions du Brésil, on les utilise pour dépister le diabète : si elles se rassemblent autour de l'urine du patient, le diagnostic est positif. Ce test est valable à 100 %.

Il y a longtemps que l'on sait que certaines fourmis projettent contre certains parasites, dans la fourmilière, des aérosols naturels très efficaces de défense. Chez les humains, on a fait appel à elles, jadis, pour suturer les plaies. Les bûcherons du Maine (USA) les consomment pour leurs vertus antiscorbutiques et fortifiantes. Les glandes du thorax des fourmis sécrètent des substances antimicrobiennes – qui servent à protéger la fourmilière – et qu'on étudie actuellement avec l'espoir de trouver une application pour l'humanité. Un venin de fourmi a permis d'isoler une molécule qui, synthétisée, agit sur les douleurs de l'arthrite. Dans plusieurs laboratoires des États-Unis, de Suède et d'Israël, on travaille activement sur le venin de la fourmi, dont on est loin, à mon avis, d'avoir recensé tout le potentiel.

La luciole (insecte biolumineux) a permis la mise au point d'un test qui décèle la tuberculose à un stade précoce. Notons que Coca-Cola utilise une variante de ce test médical pour contrôler la qualité de ses produits aux premiers stades de leur fabrication (d'après J. Plotkin).

Je signale aussi, en passant, les tisanes de cigales et de mantes religieuses, utilisées dans les régions méditerranéennes contre différentes maladies. Je ne recommande pas – jusqu'à preuve du contraire – leur utilisation !

En 2010, Roland Ruspoli a publié un remarquable ouvrage, *L'Insecte médicinal*, où il mentionne les recherches effectuées au laboratoire Entomed de Illkirch, dont il fut le collaborateur jusqu'en 2005, sous la direction du professeur Jules Hoffmann, membre de l'Académie des Sciences.

Entomed avait consacré un vaste programme d'isolement et de production de peptides antimicrobiens à partir de larves d'insectes holométaboles récoltés en Guyane.

Entomed avait constitué une chimiothèque d'environ 14 000 molécules isolées d'insectes (Dimarch et Dawe 2004, Mc Caffry 2005) et a consacré un programme de développement concernant un dérivé anticancéreux de la norcantharidine. La chimiothèque a été rachetée en 2005 par la société Vivalis après sa cessation d'activité.

Entocosm a été créé en 2002 et a associé ses recherches à celles du CSIRO d'Australie sur 1 000 lots d'insectes de ce continent.

Entopharm, société russo-coréenne, a pu isoler à Saint-Petersbourg un alloféron, seule molécule peptide, médicament isolé des insectes.

Evolutec développe les protéines issues de la salive des tigres (selon le même auteur).

La société Silesis met au point un médicament contre l'impuissance à partir du venin de veuve noire (araignée *latrodectus*).

La richesse des araignées

Même si on ne les considère pas comme des insectes (car elles ont huit pattes et un corps en deux parties au lieu de trois), les araignées (ou arachnides) ont leur place ici. On estime à 30 000 le nombre d'espèces. On les trouve partout, sauf dans l'Arctique. Elles constituent un gisement de substances bioactives. Elles sont carnivores. Leurs toiles, on l'a lu, ont été utilisées pour leurs propriétés anti-infectieuses. Leur venin contient un grand nombre de toxines : une seule espèce d'araignée peut produire 100 toxines différentes capables de se fixer sur nos cellules nerveuses. À Tokyo, en 1982, on a découvert que les araignées dites « orbitales » sécrétaient un venin capable de neutraliser les effets du glutamate, dont l'excès détruit les cellules nerveuses de l'homme et peut provoquer des crises d'épilepsie (travaux de Dietrich Mebs et Max Goyffun, 2006). Il en fut de même avec la découverte au Brésil de la Pariwixin 1 qui protégerait de la sclérose en plaques et de la schizophrénie[18].

De nombreuses toxines produites par les araignées ont la propriété de se fixer sur les cellules nerveuses et d'en bloquer les points d'accès. Elles sont donc très intéressantes pour l'étude du fonctionnement du cerveau, car elles permettent d'analyser les processus cellulaires. « Un jour – bientôt ? – elles nous permettront de soigner les séquelles des maladies vasculaires », a écrit Kathryn Philippe dans la revue *Discover*.

De la redoutable araignée américaine connue sous le nom de « veuve noire » au venin mortel, on a tiré un produit à grande valeur anti-infectieuse. D'autres venins, en particulier celui de la tarentule rouge du Cameroun, seraient capables d'aider les

---

18. Courtoisie Joaquim Countinho – Netto de l'université de São Paulo.

victimes d'accidents vasculaires cérébraux (travaux du docteur Gruenwald, centre médical Rambam, Haïfa, Israël). Une récente communication du laboratoire Rambam affirme que certaines toxines extraites du venin d'araignées améliorent les performances sexuelles masculines. Les observations seraient très concluantes. On serait à la veille de la découverte d'un stimulant beaucoup plus efficace que le Viagra !

D'autres travaux portent sur les fameuses toiles : de celles dites « en entonnoir », on a extrait récemment une substance ayant le pouvoir de bloquer les canaux calcium dans les membranes cellulaires. Confirmée, cette découverte aurait une importance considérable dans la pathologie de l'ostéoporose, ou de l'hyperthyroïdisme.

Autre bienfait de l'araignée : la soie qu'elle sécrète, très résistante, sert, après un traitement complexe, à confectionner des membranes utilisées en chirurgie cardiaque (valvule mitrale en particulier) et en chirurgie veineuse.

Un article signé Christophe Labbé et Olivia Recasens, paru dans *Le Point* (n° 1934, octobre 2009) et intitulé « Les animaux stars des labos », signale l'usage d'extraits d'un venin d'araignée brésilienne « banana spider » dont la toxine Dubbed Tx 2-6 facilite l'érection et est qualifiée de viagra naturel, car libérant de l'oxyde nitrique vasodilatateur.

Les cadeaux du scorpion mortel

Les araignées sont redoutées – surtout par les femmes. Malgré l'aide qu'elles peuvent nous apporter, elles n'ont pas bonne réputation. C'est aussi le cas des scorpions, ces créatures inquiétantes, volontiers agressives, à l'origine d'un signe du zodiaque.

Les scorpions ont pourtant leur mot à dire dans notre tour d'horizon. Ce sont des arachnides, cousins en quelque sorte des araignées. Divisés en 600 espèces, répartis dans les zones chaudes, ils sont équipés de pinces qui rappellent celles des homards, et ont – comme les araignées – quatre paires de pattes locomotives. Ils possèdent un dard venimeux dans le dernier segment de l'abdomen. Au Mexique, on évalue à plus de 200 000 le nombre annuel de piqûres de scorpions. Près de mille sont mortelles (plus que les morsures de requins).

Et pourtant, du venin de ces créatures peu attirantes on tire des substances qui guérissent. Un récent communiqué affirme que le venin de certains scorpions (recueillis dans le désert du Neguev, en Israël) aurait (notez le conditionnel) une action positive sur certains cancers du cerveau, glioblastomes, bloquant la production de métastases.

Le venin de scorpion fait en effet l'objet d'études très poussées. De la scyllatoxine (extraite du venin mortel d'un scorpion nord-africain, le *leiurus*), on a tiré une substance capable d'empêcher le rétrovirus du sida d'infecter les lymphocytes, ces cellules chargées de la défense de notre organisme (travaux de Claudio Vita du Muséum d'histoire naturelle de Paris). Il suffirait de modifier la molécule de la toxine en changeant ses acides aminés. En vue d'obtenir une molécule « leurre » trois fois plus petite capable de se fixer en surface des lymphocytes, un autre venin mortel d'un scorpion de Mauritanie (*Androctohus*), la charybdotoxine aurait les mêmes propriétés.

Dans son livre *Le Magasin du Bon Dieu* (Éditions Lattès), Pierre Potier met en relief l'efficacité potentielle et les limites de ces toxines du scorpion à grosses molécules : elles ne franchissent pas la barrière qui s'interpose entre le sang et le liquide céphalorachidien dans lequel baigne le cerveau. Mais, selon Pierre Potier, le venin de scorpion va nous conduire à la synthèse de « mini-agents » thérapeutiques capables de lutter contre le sida, l'épilepsie et la maladie d'Alzheimer, de nouveaux immunodépresseurs utilisables pour le traitement de la sclérose en plaques, de la sclérose latérale amyotrophique, et d'autres maladies auto-immunes. Patience. Le docteur Adam N. Mamelak, neurochirurgien du centre médical de Cedars-Sinai (Los Angeles), utilise une version synthétique du venin de scorpion TM-601 comme porteur d'iode radioactif au niveau des tumeurs mortelles du cerveau (les gliomes).

Depuis la parution de la première édition, signalons la découverte de la chlorotoxine isolée d'un venin de scorpion à l'université de Washington, molécule qui réduit de 98 % la prolifération des cellules cancéreuses en lui attachant des nanoparticules d'oxydes de fer.

Peter Moeller, chercheur au laboratoire Hollings Marine de Charleston, a également découvert[19] (dans l'éponge *agelas conifera* issue des récifs coralliens de la mer des Caraïbes) une protéine, l'ageliferine, capable de détruire la résistance des microbes à la pénicilline (coqueluche, staphylocoque doré, bacille pyocyanique).

Nuages dans la forêt

Il est clair que dans les années à venir, nous devons nous attendre à tirer beaucoup de nouvelles substances bioactives du monde des insectes et autres arthropodes. Mais attention ! Une partie de ces bienfaits potentiels risque de rester à l'état d'espoirs – en raison des menaces qui planent sur les grandes forêts équatoriales.

La canopée – le sommet des grands arbres –, que l'on explore désormais en ballon, permet la récolte de milliers d'espèces inconnues : d'autres millions d'espèces attendent d'être recensées. Sur la canopée, la population des insectes, ou assimilés, change complètement tous les 15 km environ ! Ce monde mystérieux, inconnu, aux richesses presque inimaginables, est en voie de disparition. Chaque année, les grandes forêts – surtout en Amazonie – perdent une superficie correspondant à celle de l'Autriche ! La déforestation est une tragédie écologique (et pas

19. *Le Point*, n° 1903, mars 2009.

seulement sous l'angle de la disparition des insectes). Le dommage est irréversible. La même menace pèse d'ailleurs sur les créatures de la mer aussi prometteuses en matière de santé et également menacées par les pollutions.

Les insectes des forêts humides sont en péril. Leur disparition serait bien plus qu'un désastre naturel. C'est notre avenir qui se joue avec leur destin.

III

La sangsue, vieille connaissance, et l'escargot

La sangsue est un ver annelé, apparenté au ver de terre, vivant en milieu liquide dans les rivières, les lacs et les marécages (il n'existe pas de sangsue des mers). On compte environ 600 espèces de sangsues, de tailles très différentes (la sangsue géante d'Amazonie peut atteindre 40 cm : c'est elle qui a tant gêné le célèbre forçat Papillon lors de son évasion du bagne).

Les sangsues possèdent une ventouse buccale munie de trois dents qui pénètrent dans la peau et qui lui permettent d'injecter sa salive. Celle-ci comporte une protéine enzymatique qui a le pouvoir d'empêcher la coagulation sanguine chez l'homme.

Cette particularité est connue depuis la haute Antiquité. En 1830, le célèbre professeur de médecine François Broussais développa leur utilisation. Mais ce n'est qu'en 1984 que l'enzyme anticoagulante a été isolée chez la sangsue européenne. C'est l'hirudine.

Aujourd'hui, on connaît la structure de cette protéine, sa séquence génomique qui code sa production cellulaire ; il est devenu possible d'introduire artificiellement dans une levure son génome – qui se développe alors très rapidement.

C'est important, car la sangsue a tendance à disparaître. Si j'en crois certaines observations et statistiques récentes, plus de 50 millions de sangsues vivaient en France à la fin du XIXe siècle[20]. L'assèchement des mares et l'abus des pesticides ont considérablement diminué ce chiffre. On a donc créé des élevages de sangsues. En France, la professeure Brigitte Latrille nourrit des sangsues avec du sang de canard (la sangsue peut absorber dix fois son poids en sang). Elle est l'avocate des sangsues dans les cas d'arthrose du genou, des poignets, ou du pouce. Elle signale l'existence d'une pommade à base de sangsues et d'huile d'olive (laboratoire Ricarimpex[21]). Il existe des élevages aux USA et en Russie : le professeur Guennady Nicona, près de Moscou, en produirait 2 millions par an.

---

20. Charles Pilet, *L'Animal médecin*, Actes Sud, 2005.
21. Eysines (33).

Aux USA, on élève la gigantesque sangsue d'Amazonie qui contient une variété d'hirudine appelée hémentine (firme Biopharm). Le professeur Roy Sawyer a créé une version biosynthétique de l'hirudine, la lépirudine, qui a reçu son visa de commercialisation en 1998, sous le nom de Refudan. D'autres substances anticoagulantes ont été isolées chez d'autres espèces de sangsues, l'égline, l'antistatim, l'ornatine – chacune dotée de propriétés bien particulières. Certaines ont même des pouvoirs anti-inflammatoires et anesthésiques, affirme le docteur Mak Siddall du Muséum d'histoire naturelle de New York. Il élève, lui, la variété américaine *macrobozza deara* et affirme que trois espèces européennes sont minuscules dotées d'enzymes identiques, très utiles en chirurgie réparatrice.

On place des sangsues directement sur la peau du malade en cas de troubles cardiaques, de phlébites, dans tous les cas où il s'agit de lutter contre des caillots éventuels – générateurs d'infarctus ou d'embolie. On les utilise aussi pour combattre l'arthrose du genou. Certains services de chirurgie réparatrice font appel aux sangsues (comme produits de synthèse) pour faciliter la reprise de la microcirculation des capillaires. Les sangsues ont aussi le pouvoir de soulager les inflammations après une greffe de peau, quand le retour veineux est déficient. On fait appel à elles en cas de réimplantation de doigts amputés, car elles permettent de rétablir la circulation veineuse, assurant le retour du sang vers le cœur. La chirurgie des greffes, qui se développe de façon spectaculaire, garantit l'avenir thérapeutique des sangsues de différentes origines. Un ouvrage vient de paraître, signé par un médecin suisse, le docteur Dominique Kaehler Schweizer *Thérapie par les sangsues* (Éditions Jouvence) qui promet aux sangsues un grand avenir médical dans le domaine de la circulation du sang.

Le retour de l'escargot

Depuis peu, la mode est aux produits à base de bave d'escargot. La télévision et une certaine presse célèbrent le pouvoir rajeunissant (surtout pour la peau des femmes), et revitalisant pour les hommes, des secrétions de ce gastéropode, appliquées sous forme de crème, d'onguent ou d'aérosol.

Qu'en penser ?

Il n'y a pas si longtemps, dans certaines provinces françaises, les jeunes filles avalaient des limaçons vivants afin d'acquérir une belle (et volumineuse) poitrine. Inutile de préciser qu'il s'agit d'une (dangereuse) superstition. En revanche, on a bien isolé dans la bave d'escargot commun (ou *helix*) un produit actif appelé helicidine. Son effet sur les affections de la gorge (toux récidivante) est indiscutable. Il existe aussi une crème dont l'élément principal est la bave d'escargot, et que certains médecins prescrivent en cas de maladie de la peau (dermatoses). Le très comestible escargot de Bourgogne (*helix pomatia*) contient une molécule active contre la toux. La bave, chauffée, réduite en poudre, réhydratée, a permis la réalisation d'un sirop antitussif. La bave de limace aurait les mêmes qualités. Ces produits sont commercialisés en Italie et en Belgique. Récemment, selon Pierre Potier, des escargots géants africains (*achatina fulica*) auraient permis d'isoler des « glycosamiroglycanes », auxquels on prêterait un effet positif contre le rétrovirus VIH, responsable du sida. Des escargots d'élevages sont utilisés pour des tests de toxicologie, en particulier pour déceler l'action toxique du cadmium, aux puissants pouvoirs cancérigènes.

Les escargots de mer (surtout les cônes) ont, eux aussi, des pouvoirs thérapeutiques incontestables, que je décris dans le chapitre concernant les créatures de la mer.

IV

Batraciens, reptiles et tortues

Cela peut surprendre quelques-uns, mais j'ai décidé de réunir dans un même chapitre les batraciens, appelés également amphibiens (têtards, grenouilles, crapauds en particulier), et les reptiles ou serpents, aussi appelés ophidiens. Ils ont beaucoup de points communs, en particulier lorsqu'on les examine sous l'angle du potentiel thérapeutique. Même si les serpents, dont les venins recèlent toutes sortes de trésors enzymatiques, offrent de plus riches possibilités de guérison, je commence par vous emmener dans le monde plus familier des batraciens.

Ils constituent une population très diversifiée, et à bien des titres passionnante. Les batraciens des zones tropicales, en particulier. Dans les années 1950, l'explorateur Pierre Gorman a décrit en Amazonie les effets hallucinatoires d'une préparation réalisée par les chamans (sorciers) à partir des sécrétions d'une grenouille. À la même époque, on isola en laboratoire, sur des échantillons amazoniens, deux substances – la céruléine et la phyllocéruléine – ayant la propriété de stimuler les sécrétions gastriques et de faire baisser la tension artérielle. Ces médicaments sont toujours utilisés.

On découvrit, peu après, que la peau d'une grenouille du Maghreb, appelée *epidobate pictus*, produisait un alcaloïde dont le pouvoir antidouleur égale celui de la morphine ! En 1974, une autre variété d'*epidobate* africaine dite tricolore (elle est rouge, blanche et orange) a permis au docteur John Daly d'isoler un autre alcaloïde, très voisin de la nicotine, qui a été utilisé par les chimistes. En 1982, nouvelle découverte du docteur John Daly : grâce à un spectromètre à résonance magnétique nucléaire et au couplage de la chromatographie en phase gazeuse avec la spectroscopie infrarouge, il isole de la même grenouille *epidobate* une substance qu'il appelle l'epibatidine – retenez ce nom – 200 fois plus active sur la douleur que la morphine, et qui a l'avantage d'éviter la chute de la pression artérielle, les crises épileptiques et la paralysie. Le laboratoire Abott a synthétisé ce substitut de la morphine sous le nom d'« ABT.594 » encore à l'étude. Phénomène intéressant, les grenouilles élevées en captivité ne produisent pas le précieux alcaloïde générateur de l'epibatidine. Ce qui laisse supposer que la toxine est d'origine alimentaire.

La morphine n'est pas le seul produit dont la grenouille met en circulation un homologue plus puissant, et moins nocif. La digitaline, utilisée en cardiologie, pourrait être un jour remplacée par un autre alcaloïde, issu d'une grenouille *dendrobate*, qui, comme la digitaline, retarde l'ouverture et la fermeture des canaux sodium : la pumiliotoxine.

Du monde des grenouilles a surgi récemment une nouvelle catégorie d'antiseptiques, appelée dermaseptines. À l'origine, une grenouille bicolore d'Amazonie et de Guyane. Ces substances récemment isolées par le docteur Vittorio Erspamer de l'institut des neurosciences Fidia, à Rome, viennent des glandes cutanées de ces rainettes. Elles ont, en outre, un effet analgésique et hypotenseur. L'une d'entre elles, la phyllocéruléine, est un vasodilatateur dans lequel le docteur Erspamer voit la possibilité d'accroître la perméabilité capillaire, et donc de faciliter la pénétration intracérébrale des molécules médicamenteuses.

Dans la forêt colombienne du Choco, le docteur John Daly et le docteur Myers ont isolé sur une grenouille rare deux substances beaucoup plus venimeuses que le curare (qui semble-t-il était utilisé par les Mayas). Du crapaud xénope, cousin du pipa du Surinam et du dactylèthre du Cap (grenouille sans queue, dépourvue de langue et dotée de quatre doigts très longs), on a isolé une peptide magainine, efficace contre les ulcérations cutanées surinfectées – qui a été commercialisée aux USA sous le nom de

Pexiganan (son visa d'exploitation a, par la suite, été supprimé).

Le cas des grenouilles *dendrobates histrionicus* est particulier. L'alcaloïde qu'elles sécrètent a une affinité pour les canaux ioniques des récepteurs à l'antyécloline. Élevées en captivité, ces grenouilles se sont révélées dépourvues de toxine ! Ce qui prouve que la source de l'alcaloïde précieux qu'elles produisent se trouve dans leur alimentation naturelle (fourmis et petits coléoptères) impossible à recréer en captivité. De la peau de certains crapauds du Nord de l'Amérique, on tire des bufoxotines, dont les pouvoirs aphrodisiaques sont associés à des risques d'empoisonnement mortel.

Parmi les quatre espèces de batraciens qui se sont adaptées au rude climat des hauts plateaux de Bolivie, Johan Albert Verlard (auteur des *Batraciens des Aymaras de Bolivie*, colloque d'ethnozoologie, 1973) a étudié un crapaud appelé *bufo*, et une grosse grenouille, *techatobius*[22]. Ces deux espèces font, depuis toujours, partie de l'arsenal des guérisseurs locaux qui les utilisent (en bouillons, en poudre, etc.) dans les cas d'anémie, d'affections pulmonaires et de stérilité féminine.

Plusieurs laboratoires, aux USA, analysent les produits actifs que renferment ces deux espèces. Dans la même perspective, on teste la sécrétion des énormes têtards (20 cm de long) d'un grand batracien

22. La spéclialité Bufox était utilisée en médicine vétérinaire dans les années 1950.

batrachophrynus macrostomus, que les guérisseurs du centre du Pérou utilisent – avec succès, semble-t-il – pour venir à bout du bacille de la tuberculose (lequel, comme on sait, semble redevenir actif). D'une façon générale, à mon avis, les divers batraciens n'ont pas fini de nous surprendre. Mais il faut faire vite : deux espèces de grenouilles *rheobratrachus* ont éveillé des espoirs pour le traitement de l'ulcère gastroduodénal ; selon l'université d'Oxford, les recherches ont été interrompues – car les espèces en question auraient disparu. Ce ne sont pas les seules : le crapaud orange du Costa Rica est introuvable depuis 1980, comme le cururu d'Amazonie et l'okopipi, belle grenouille bleu azur d'Amazonie et de Panama.

Quant à Gregory Lemkrine, chercheur au Genopole d'Évry, il élève avec Barbara Demeneix, directrice du département régulations, développement et diversité moléculaire au Museum d'histoire naturelle, des grenouilles transgéniques xénopes dont les têtards transparents se colorent quand ils sont en contact avec des polluants. Il n'est pas nécessaire de les disséquer, « puisqu'on peut lire dedans comme dans un livre ouvert ».

Sauvés par le venin mortel

Entre les serpents et notre santé, les liens remontent à la plus haute Antiquité : Esculape, dieu grec de la médecine, était supposé se transformer en serpent quand il traitait des malades. Son attribut – que l'on trouve toujours sur les pare-brise des voitures des vétérinaires, des médecins ou des soignants – est le Caducée : deux serpents enroulés sur un faisceau de baguettes. Il existe 2 500 espèces (environ) de serpents.

C'est bien connu, certains d'entre eux (relativement peu nombreux) sécrètent un venin mortel pour l'homme. Mais ce qui est moins connu, c'est que l'homme a réussi à extraire de ces venins mortels de nombreuses substances bienfaisantes, guérisseuses. La médecine chinoise a montré la voie depuis des siècles – peut-être des millénaires –, puisqu'elle a utilisé, et utilise toujours, des macérations de crotales (serpent meurtrier) et de bongares asiatiques contre les affections respiratoires. En Afrique, les guérisseurs ont toujours recours à la graisse de cobra (un autre tueur), à laquelle ils attribuent de nombreuses vertus.

Vers 1900, un médecin texan, le docteur Selg, décrivit la guérison spectaculaire d'un malade de 35 ans, épileptique depuis l'âge de 20 ans. Mordu par un mocassin à tête cuivrée (famille des crotales), ayant survécu à la morsure, il avait vu ses crises s'atténuer et disparaître. Ce fut l'origine des médicaments à base de venin de crotale. J'ai le souvenir d'avoir, dans les années 1950, utilisé ce genre d'extrait en injections pour lutter contre la maladie de Carré, dite « des jeunes chiens ».

Il y a longtemps que l'on exploite les propriétés du venin (redoutable) de la vipère des sables. Desséché puis dilué au dix millièmes, il sert de base à des pommades révulsives et à des produits injectables qui combattent névralgies, sciatique, rhumatismes. Récemment, on a découvert que le venin de la redoutable vipère ammodyte des Balkans, qui porte à la pointe du museau une petite corne verticale, pouvait servir à dépister la phénylcétonurie chez les nouveau-nés (non soignée, cette anomalie congénitale du métabolisme entraîne une arriération mentale définitive).

Le « crotale fer-de-lance » du Sud brésilien, ou *bothrops*, qui peut mesurer 1,50 m et posséder des crochets de 2 cm, produit un venin très dangereux, mais contenant un enzyme qui, au contact du sang humain, se transforme en BPP (Bradykinine Potenting Pepside) : sa vertu est de faire baisser la tension artérielle, de prévenir les attaques cérébrales. Plusieurs spécialités ont dérivé de ce pouvoir du *bothrops* : le ramipril, l'enalapril, et le captopril. Vous les avez peut-être utilisés un jour en ignorant leur origine !

D'autres substances utilisées en cardiologie ont pour point de départ le venin de crotale. Par exemple, l'ancron ou l'arvin, qui sont parfois injectés en cas de thrombose ou d'embolie.

Un autre enzyme extrait du crotale brésilien est à la base du Reptilase, utilisé au cours des interventions chirurgicales, pour prévenir hémorragies, caillots et embolies pulmonaires (médicament réservé aux hôpitaux).

Parmi les serpents les plus dangereux se trouvent la vipère taipan d'Australie – appelée vipère de la mort, le cobra royal – seul serpent capable de tuer un éléphant, la vipère de la brousse et la vipère des pyramides. Leur venin fait actuellement l'objet de recherches.

Le venin d'un serpent chinois, le bongare, contient un produit (la bungarotoxine) qu'on a synthétisé, et qui a permis d'appréhender la pathologie de la myasthénie, grave maladie dégénérative musculaire. Le mamba vert (serpent des bananes) a donné naissance à un produit qui a le pouvoir d'ouvrir (ou de rétablir) les canaux ioniques bloqués ; il pourrait jouer un rôle important, en cas de troubles du cerveau, ou même de maladie d'Alzheimer.

Espoirs pour le cancer

Des venins des vipères et des crotales, on a isolé des « désintégrines », qui empêchent la formation de caillots sanguins. Un produit a été commercialisé, l'Agrastat, utilisé comme anticoagulant, préventif de l'infarctus du myocarde. Un autre médicament, issu du venin de vipère, a le pouvoir d'empêcher les plaquettes sanguines de s'agglutiner – risque majeur en cas de pose d'un « stent » (sorte de ressort préventif de la thrombose) dans les artères coronaires. Développée à l'université de Philadelphie, cette molécule, le tirofiban – concurrent du célèbre Plavix – serait capable, selon ses promoteurs, de prévenir plus de 50 000 crises cardiaques par an !

Du mocassin à tête cuivrée (le fameux crotalide), le docteur Markland (Californie) a extrait une substance nommée « désintégrine », ou « contorstatine », ayant le pouvoir d'empêcher l'adhérence des cellules tumorales (cancéreuses) aux tissus sains. Chez les souris atteintes d'un cancer, la contorstatine aurait déjà fait des merveilles, éveillant des espoirs pour le traitement de certains cancers humains.

D'autres perspectives thérapeutiques sont liées au venin de crotale. À l'institut Kocher de l'université de Berne, le venin de crotale des tropiques a permis de mieux comprendre le fonctionnement des plaquettes sanguines et de certains éléments du sang. Au Brésil, à l'institut de médecine tropicale de Manaos (Amazonie), le biologiste Jorge Luis Lopez Lozano a découvert dans le venin d'un serpent un enzyme capable de dégrader le fibrinogène, ce qui intéresse beaucoup les spécialistes.

En vérité, il ne se passe pas de semaine (ou de mois) sans que l'on annonce la découverte dans le venin de serpent de nouveaux enzymes. Mais cela demande beaucoup d'efforts. Le laboratoire Latoxan, qui commercialise des venins de 100 espèces, fait remarquer qu'il faut solliciter 300 fois une vipère d'Europe pour obtenir un gramme de venin sec ! Récemment, on a constaté que le venin du lézard Gila de l'Arizona renfermait de l'extendine capable d'activer la sécrétion d'insuline.

Tortue contre tuberculose

Les tortues – le saviez-vous ? – sont des reptiles à carapace écaillée. En médecine orientale (en particulier dans le Pacifique), on utilise le sang et la graisse des tortues marines pour soigner les maladies pulmonaires. En 1900, à l'aquarium de Berlin, le docteur Friedmann isole et cultive les bacilles de tuberculose pulmonaire d'une tortue de mer, et prépare un vaccin contre la tuberculose à base de bacilles vivants, destinés à être introduits sous la peau. Ce vaccin a donné lieu à de nombreuses études et à de violentes controverses (rapports des professeurs Verge et Paraf de l'école vétérinaire de Maisons-Alfort). Des travaux parallèles ont conduit à la fabrication de l'ART, devenu MCH, par le laboratoire Joly, en France, produit considéré comme stimulant de l'immunité en médecine vétérinaire. En 2001, le produit a été interdit à la vente, ce que je considère comme une décision scandaleuse, car j'avais la preuve de son efficacité.

V

Nos amies les abeilles

Productrices du miel (l'un des plus vieux médicaments connus), du pollen, de la propolis et de la cire, les abeilles jouent dans notre vie un rôle considérable, sinon essentiel, ignoré en général. En assurant 80 % de la pollinisation (la fécondation) des végétaux de la planète, elles sont en vérité garantes de la survie de l'humanité : « Si elles venaient à disparaître, a écrit Albert Einstein, nous n'aurions que quatre années à vivre ! » De nos jours, les abeilles sont gravement menacées par l'usage intensif des pesticides.

Il existe plus de 20 000 espèces différentes d'abeilles, dont les tailles varient de 2 mm (andrénides) à 2 cm (abeille noire géante d'Amazonie). L'abeille européenne commune est la plus répandue. C'est elle qui fait la fortune du continent nord-américain : les premières abeilles y furent importées d'Europe (en

Virginie) entre 1609 et 1625, à l'époque et à l'endroit où Nicolas Martiau, huguenot français (ancêtre de George Washington) débarqua au Nouveau Monde, à Jamestown. Ces abeilles immigrantes assurèrent – et assurent toujours la pollinisation – entre autres végétaux – du soja, des haricots, des pois chiches et de nombreux fruits chez nos amis américains.

En Europe, les abeilles – aussi loin que l'on remonte dans l'histoire – ont été associées à la santé, en particulier (mais pas uniquement) à travers leur miel. Elles constituent en vérité une formidable réserve de substances actives, dont on est loin d'avoir exploité toutes les possibilités.

Les richesses du miel

« Alchimistes ailées autant que zélées », les abeilles ouvrières récoltent le nectar des fleurs ainsi que le miellat qu'elles sucent avec leur trompe. Ce liquide sucré mêlé aux sécrétions enzymatiques du jabot de l'insecte est redigéré par les abeilles de la ruche qui y ajoutent leur salive. De cette postdigestion résulte la transformation du saccharose en glucose et en fructose – tous les deux sucres directement assimilables – c'est-à-dire le miel. Pour fabriquer 1 g de miel, l'abeille visite près de 7 500 fleurs, à une moyenne de 200 à 300 fleurs par heure ! On estime donc à près de 100 millions le nombre de fleurs visitées par les butineuses d'une seule ruche chaque jour ! Un kilo de miel correspond à 50 000 vols, rapportant chacun 40 mg de nectar ; un kilo de miel représente 400 000 kilomètres parcourus !

Doté d'un pouvoir calorique considérable (3 200 kilocalories par kilo), le miel est composé à 80 % de sucres lents, de 15 % d'eau, et de nombreux oligoéléments et vitamines du groupe B. En plus de ces éléments précieux, on a mis en évidence grâce à la spectrophotométrie la présence de sept flavonoïdes aux propriétés anti-inflammatoires, antivirales, cicatrisantes, antibiotiques, antitoxiques et antioxydantes. Le miel contribue au renforcement du système immunitaire et à la protection du système vasculaire et veineux. N'oublions pas la présence de terpine qui stimule la sécrétion bronchique, indiquée dans les troubles respiratoires.

Les fameux sept flavonoïdes sont produits par les parties aériennes des fleurs ; la quercétine, la kaemférol, la galangine ont une action d'inhibition sur la toxicité du LDL (mauvais cholestérol), responsable des plaques d'athéromes et des infarctus. Le miel favorise la diurèse (miel de bruyère) et contient de l'arbutine antiseptique. Recommandé chez les sujets atteints d'insuffisance rénale, il permet un effort musculaire intense, empêche les crampes, il est indiqué aussi en cas d'ulcère pour son action protectrice sur les parois de l'estomac et du duodénum. Alexandre Boudaï, en Ukraine (1945), tout comme Albert Schweitzer, dans son hôpital de Lambaréné au Gabon (1960), ont fait l'éloge d'applications de miel pour traiter les ulcères. Le médecin allemand Lucke l'associait à l'huile de foie de morue dans une pommade cicatrisante, comme le chirurgien moscovite Krinitski, qui l'utilisait pour les brûlures graves ou les ostéomyélites, affirmant que l'effet curatif était dû à l'élévation du taux de glutathion, stimulant de croissance et de régénération des tissus en voie de cicatrisation.

Les composants du miel

Les abeilles remplissent leur jabot et transportent miellat et nectar jusqu'à leur ruche. Là, elles distribuent leur butin aux ouvrières d'intérieur et aux mâles. Miellat et nectar passent à plusieurs reprises d'une abeille à une autre en subissant chaque fois une addition de salive qui transforme les sucres. Déposé dans les alvéoles, le miel est concentré et protégé.

Le nectar sécrété par les nectaires des fleurs mellifères, situées sur les pétioles et les bractées (on le surnomme parfois miellée ou miellure), constitue la matière première du miel. Chaque gouttelette de nectar circule de 100 à 200 fois de suite entre la trompe et le jabot de chaque receveuse, où elle subit l'action de leurs glandes digestives avant d'être déposée dans la cellule hexagonale de la ruche.

Le miellat, second constituant du miel après le nectar, correspond à l'excrétion des pucerons et cochenilles qui sucent et filtrent la sève élaborée. Des sucres et l'eau en excès sont rejetés par ces petits insectes sous forme de gouttelettes qui sont recueillies par les butineuses. Cette sécrétion est riche en gomme, en dextrine et en mélézitose. Le miel de sapin est le plus riche en miellat.

Cent une variétés de miels

Les variétés de miel les plus connues sont : angélique, asclépiade, barbarée, bardane, bigaradier (à partir du nectar de fleurs d'agrumes de Géorgie), bleuet, bourrache, bruyère, carotte, chardon, châtaignier, cirse, citrouille, colza, coriandre (1 ha de culture donne 500 kg de miel), cotonnier, dracocéphale, épilobe, épine-vinette (dont les Babyloniens vantaient déjà les propriétés hémostatiques), érable, eucalyptus, framboisier (33,37 % de glucose et 41,34 % de levulose), hamimodendron (plante du Kazakhstan), hélianthe ou tournesol, hovénie, hysope, kenaf ou datt (*Hibiscus*), lavande, léonure ou agripaume, luzerne, marrube, melilot (rendement 600 kg de miel à l'hectare), mélisse, menthe, moutarde, myrtille, panais, phacelie, pissenlit, pommier, miel des prés (ou plurifloral), réséda (transparent comme le diamant), robinier ou acacia blanc (à partir du nectar recueilli sur 1 ha, les abeilles élaboreraient 1 700 kg de miel), acacia jaune, ronce (1 ha donne 20 kg de miel), sainfoin, sarrasin, sauge (1 ha donne 650 kg de miel excellent), saule, sorbier, tabac, tilleul (la fleur est la « reine des plantes mellifères » et 1 ha de tilleul fournit 1 000 kg), trèfle, tulipier, vesce, vipérine.

Au milieu du XXe siècle, M. Ioïriche et l'apiculteur Rune Ivan Bezrodny décidèrent d'élaborer des miels médicamenteux, en faisant absorber aux abeilles des sirops à 50 % de sucre, auxquels étaient mélangés du lait, du sang, du jus de carotte, du ginseng, du calcium, voire des infusions d'aiguilles de pin, ou des fruits d'églantier. Ils disposaient dans les ruches des récipients où les abeilles pouvaient puiser le nectar. Récemment, un chercheur néo-zélandais, P. C. Molan, a proclamé l'efficacité du miel de manouka dans la guérison des brûlures infectées par le bacille pyocyanique, résistant aux antibiotiques.

La gelée royale

En 1912, un savant allemand, le professeur Langer, découvrit une substance secrétée par les glandes pharyngiennes et mandibulaires de jeunes abeilles âgées de 5 à 15 jours qu'il appela « gelée royale ». C'est la nourriture des jeunes larves jusqu'au troisième jour d'âge larvaire. Par la suite, elle constitue l'alimentation de la reine pendant toute sa vie. Nourrie à la gelée royale, la reine peut vivre cinq ans alors que la vie de l'ouvrière ne dépasse pas deux mois ! Sa richesse en acide nicotinique (vitamine PP) 75 mg/g et en acide panthothénique (200 mcg/g) donne à la gelée royale de multiples propriétés, anti-oxydantes en particulier, favorisant l'élimination des radicaux libres.

Les virologues roumains Derevic et Poperscu ont démontré, par des expériences échelonnées sur plusieurs années, que la gelée royale avait, entre autres, des propriétés antivirales, en particulier contre la grippe : le traitement consiste à badigeonner les muqueuses nasales avec une émulsion alcoolique de gelée royale, et d'absorber une vingtaine de gouttes de la solution par voie buccale.

Au 20e congrès international d'apiculture de Bucarest en 1965, E. Maleï et M. Pacenovska, de l'université Safarik (Tchécoslovaquie), présentèrent un rapport sur les résultats obtenus par une préparation de gelée royale, sur les verrues : 62 % de guérison ! On présenta aussi un rapport sur la guérison de plusieurs personnes atteintes de lupus érythémateux. Selon les médecins polonais Matouchevski et Elisabeth Katchov, la gelée royale est plus active par voie sublinguale et par cure de 40 jours : 100 mg une fois par jour à jeun.

En octobre 1964, les Bulgares P. Petitchev, S. Baïkouchev et N. Niliforoy ont publié une communication sur « l'effet de la gelée royale sur la sénilité », soulignant son influence favorable sur l'athérosclérose, les ulcères de l'estomac et du duodénum, les maladies du foie, les troubles de la sénescence, sur le retard du développement physique et intellectuel des enfants. On m'a signalé aussi les travaux du professeur Townsend, au Canada, qui étudie, sur des souris cancéreuses, l'effet de la gelée royale sur la prolifération des cellules malignes.

Aujourd'hui, il est facile de se procurer de la gelée royale, sous forme de gelée fraîchement recueillie, de gélules, ou après lyophilisation[23].

---

23. Pour se procurer de la gelée royale : Unaf. Tél. 01 48 87 47 15, www.unaf-apiculture.info.

L'apithérapie

Le miel et la gelée ne sont pas les seuls produits que nous offrent les abeilles : nous tirons profit, également, de leur venin – de la propolis et du pollen.

Le venin des abeilles a donné naissance à une médecine qui, comme l'asticothérapie dont nous avons parlé, ne cesse d'interroger les scientifiques et comporte de grandes promesses : l'apithérapie.

Le venin est sécrété par deux glandes situées dans l'abdomen de l'abeille, l'une acide, l'autre alcaline. Il est introduit sous notre peau par l'aiguillon vulnérant, à raison d'un tiers de milligramme par piqûre. Le composant principal du venin est une protéine, la millithine, responsable de la douleur ressentie. Elle est associée à l'enzyme phospholipase A2 qui libère l'histamine. Celle-ci agit sur le système nerveux, en bloquant les canaux ioniques à potassium des fibres nerveuses. La diffusion du venin sous la peau est favorisée par l'hyaluronidase, qui augmente la perméabilité des tissus et favorise la circulation sanguine.

Très tôt, on a songé à détourner à notre profit les effets négatifs du venin d'abeille. Dès 1887, un médecin russe (Lioubarski) l'utilisait pour traiter les rhumatismes. Puis on l'utilisa en cas de sciatique, de névrite, de névralgie. En 1937, on mit en circulation l'apivène, venin d'abeille désalbuminé, comme adjuvant aux cures thermales de rhumatismes déformants et des sciatiques (travaux de Bornet). En 2003, les professeurs Th. Cherbuliez et R. Domerego ont publié un traité d'apithérapie (Éditions Amyris) ; ils décrivent avec précision tous les effets bénéfiques du venin d'abeille et prônent l'association des produits de la ruche à certaines huiles essentielles.

Plusieurs laboratoires analysent le potentiel du venin d'abeilles administré en injections sous-cutanées. Des médecins l'utilisent, associé ou non à la novocaïne, dans le traitement de la sclérose en plaques, des arthrites, et même des vomissements dus à la grossesse. On cite souvent le cas d'une jeune Américaine de l'Ontario, Trudy, atteinte d'une sclérose en plaques à 26 ans, qui aurait retardé les progrès de la maladie par des séries de piqûres d'abeilles (clinique de Champlain Valley, Vermont). Actuellement, l'association américaine contre la sclérose en plaques conduit, à Washington, sous l'autorité du docteur J. Bellanti, des essais pilotes portant sur huit malades. Ils reçoivent deux injections de venin d'abeilles par semaine. Les premiers résultats sont encourageants et un plan de grande envergure (avec placebos) doit démarrer bientôt. Depuis peu, le venin d'abeilles est mis à contribution dans le traitement de la toxicomanie. Au Vietnam, dans le dispensaire du docteur Dam Huu Phoc, à Hanoï, on fait piquer des toxicomanes avec du venin. Du jus de mandarine est appliqué ensuite sur les piqûres. En Californie, on soumet des toxicomanes désirant s'affranchir de leur addiction à des traitements de même ordre, avec, m'a-t-on dit, des résultats surprenants. Récemment a été mis sur le marché un test (Albey) à base de venin d'abeilles (et de guêpes) utilisé par des spécialistes de l'allergie.

Les bienfaits de la propolis

La propolis est un autre produit des abeilles très efficace. C'est une substance résineuse de couleur brune, d'une forte odeur balsamique, qui provient principalement du raclage par les abeilles des écailles des bourgeons de peuplier, de sapin, de marronnier, de chêne, d'aulne et de bouleau. Elle sert aux abeilles à calfeutrer les fissures de la ruche, et à momifier les cadavres de certains rongeurs.

La propolis brute renferme des grains de pollen et des débris de cire. Son pouvoir antiseptique et fongicide est connu depuis très longtemps. Aristote la signale dans son *Histoire secrète des animaux* comme un remède contre les affections de la peau, les plaies et les suppurations. Elle était parfois utilisée avant la mise en circulation des antibiotiques, car elle renferme des huiles volatiles ayant une action anesthésique locale. Elle est associée à l'huile de tournesol dans le traitement de la gangrène sèche, et des nécroses. Rémy Chauvin a écrit : « La propolis a des pouvoirs analgésiques et anti-inflammatoires ; on a même signalé son action dans les tuberculoses pulmonaires. » Selon Bernadette Darchen, l'action bactéricide de la propolis est liée, surtout, à la présence d'une hydroflavone, la galangine. Elle a la propriété de hâter la cicatrisation. Il existe aussi une solution alcoolique de propolis à 10 %, aux propriétés antigrippales, qui favoriserait aussi la cicatrisation des brûlures.

Pollen contre méfaits de l'âge

Le pollen d'origine végétale à 100 % est recueilli par les abeilles butineuses dans les étamines de toutes variétés de fleurs. Elles le consomment et le ramènent à la ruche. Selon N. Ioïriche[24], une seule fleur de pommier renferme 100 000 grains de pollen, un chaton de charme 1,2 million, une fleur de pivoine 3,6 millions, un chaton de bouleau ou de chêne 6 millions. La panicule des fleurs mâles du maïs comprend 50 millions de grains de pollen ! Les abeilles d'une seule ruche sont capables de récolter jusqu'à 40 kg de pollen par an à la belle saison (estimation du docteur Hakim).

Le pollen renferme de nombreux enzymes, ou diastases : saccharose, phosphatase, catalase, corymase, amylase, invertase, pepsines, trypsine, vipase, et des sucres divers (20 à 40 %) : glucose, fructose, saccharose, raffinose, pentovanes. Sans oublier 30 % d'acides aminés. Il contient également des dextrines, amides, cellulose de même que trois flavonoïdes très actifs, le kaempferol, le querutol et le rhamnétal. Le pollen renferme tous les éléments indispensables à la vie des organismes végétaux ou animaux ; en particulier, vingt-huit éléments

---

24. *Les Abeilles pharmaciennes ailées*, Éditions MIR de Moscou, 1968.

minéraux plus ou moins complexes. Il comprend tous les acides aminés qui entrent dans la synthèse de la bêta-endorphine par l'hypophyse.

C'est la raison pour laquelle, le pollen est non seulement une réserve de substances essentielles de nature à aider la médecine, mais aussi un facteur important dans la lutte contre le vieillissement, les maladies du grand âge. Celles-ci sont, en effet, le plus souvent consécutives à la disparition (ou à la diminution) de substances vitales – toutes présentes dans le pollen. Avec 15 g de pollen, par jour, après 50 ans, les risques d'hyperplasie (adénome) de la prostate seraient ainsi considérablement diminués. Le pollen est en général consommé sous la forme de complément alimentaire en comprimés. Deux produits extraits du pollen viennent d'être commercialisés : le Prostal (troubles de la prostate) et le Vodilen, basé sur les vertus du pollen en cours de germination (lutte contre les radicaux libres et phénomènes de vieillissements). De nombreuses études cliniques, conduites ces dernières années, semblent valider l'efficacité du pollen.

VI

L'apport des créatures de la mer

Les mers, qui recouvrent les deux tiers de notre planète, constituent une fabuleuse réserve de molécules vivantes, essentielles pour notre santé. Selon certaines estimations, la « biodiversité » marine serait dix mille fois supérieure à la biodiversité terrestre ; on n'a étudié que 1 % des 500 000 espèces marines recensées (chiffres de Michèle Guyot, du Muséum d'histoire naturelle de Paris).

C'est évidemment à sa dimension verticale que l'univers marin doit cette prodigieuse richesse. Sur notre fragile écorce terrestre, la vie ne se développe qu'en surface : l'espace est vide de créatures, le record de la verticalité habitée appartient à la canopée, le sommet des grands arbres des forêts équatoriales que l'on commence seulement à explorer (100 m maximum), et notre sous-sol n'est guère habité, sauf dans de rares fissures (ce qui n'empêche pas, comme je l'ai écrit, le développement d'une phénoménale population d'insectes). Mais même si elle représente des milliards de milliards de molécules, cette population terrestre est minuscule par rapport à celle de la mer. D'autant qu'on vient de découvrir dans les grands fonds autour des volcans, dans des eaux dépassant 110 degrés, des créatures « vivantes », comme un certain ver marin à panache se nourrissant de bactéries.

Il n'y a pas si longtemps que l'homme a pris conscience de cette richesse et qu'il s'est penché sur les possibilités thérapeutiques des créatures marines : la recherche de molécules peut être difficile. Jean-Marie Pelt a fait remarquer que nous ne disposons pas de « chamanes » ou de « sorciers guérisseurs » pour nous ouvrir des pistes (comme les travaux de Marc Plotkin sur les insectes en Amazonie) ; la purification et la synthèse des produits vivants tirés de la mer sont parfois très coûteuses. De plus, certaines molécules peuvent devenir très toxiques par la concentration *in vivo*.

Les vertus médicales, curatives de la mer sont pourtant connues depuis l'Antiquité. Mais les hommes se contentaient de tirer profit de son climat (on découvrit qu'il était riche en « ions négatifs »), et de son eau chargée de sels minéraux (la thalassothérapie). Ils recherchaient l'apaisement de ses horizons perdus, de ses plages, des joies de la pêche. Mais son potentiel pharmacologique leur échappait presque totalement.

Au début du siècle dernier, l'éclairage changea – en particulier quand Quinton démontra l'identité de structure entre la composition du sang et celle de l'eau de mer : un chien, dont il avait remplacé le sang par de l'eau de mer filtrée, survécut. On fit des piqûres d'eau de mer (sérum de Quinton) à des enfants anémiés. Ce fut aussi l'époque de l'huile de foie de morue qui, entre autres vertus, avait celle de protéger contre le bacille de la tuberculose et le rachitisme.

Puis les progrès de la pharmacochimie ouvrirent de nouveaux horizons aux chercheurs : dans leurs laboratoires, ils se mirent à analyser les toxines peptidiques des éponges, des anémones de mer, des méduses et des cônes carnivores. Ils mirent au point les premières substances antidouleur et anesthésiques tirées de la faune marine en utilisant la capacité de ces molécules d'inhiber la transmission neuromusculaire au niveau des canaux ioniques. Apparurent alors les premières molécules cytotoxiques, capables d'empêcher la croissance et la multiplication des cellules cancéreuses.

J'ai, tout au long de ma carrière, suivi attentivement ces résultats hésitants, ces travaux étendus sur de longues années, car les protocoles de test avant les autorisations de mise sur le marché et d'utilisation sont très longs. Je n'ai jamais douté du formidable potentiel qui s'ouvrait à nous, et j'ai très vite utilisé, comme vétérinaire, les premières propositions thérapeutiques, en particulier en médecine homéopathique (voir le chapitre sur l'homéopathie). Si, dans notre métier, nous avons peu d'occasions de traiter des animaux marins, sauf éventuellement des dauphins apprivoisés, ou de grands cétacés, si les poissons échappent en général à nos soins, nous utilisons de plus en plus souvent des substances d'origine marine. Les animaux de la mer viennent au secours de leurs frères qui vivent en aérobie.

Des perspectives vertigineuses

En milieu marin, la quête des pharmacologues et des biochimistes est très compliquée, mais ces perspectives sont étourdissantes. Les témoignages abondent.

« La mer constitue pour les pharmacochimistes une source peu exploitée de nouvelles molécules dont les propriétés biologiques sont très diverses », a écrit récemment P. Beuchet (université Claude-Bernard, Lyon-I).

« La mer est une réserve de médicaments, de substances bénéfiques dont nous n'imaginons pas l'étendue », a déclaré Michelle Guyot, directrice de recherche au CNRS, en charge du laboratoire de chimie marine du Muséum d'histoire naturelle de Paris (*Au nom de la mer*, Robert Laffont, 1996). Depuis une trentaine d'années, le regard des pharmacologues et des chimistes a changé. On a décrit de 3 000 à 4 000 nouvelles substances parmi lesquelles 500 environ présentent une activité biologique : substances antitumorales, antivirales (et même actives contre le VIH), immunomodulatrices, antibiotiques, antifongiques, anti-inflammatoires, inhibiteurs enzymatiques, substances agissant au niveau du système cardiovasculaire et du système nerveux central.

Un peu partout dans le monde, des scientifiques appliquent aux créatures marines de toutes dimensions, parfois très difficiles à recueillir, des tests de criblage adéquats. On recherche surtout des substances antitumorales, ou anti-angiogéniques (ayant la propriété de bloquer la fabrication des vaisseaux sanguins en direction de la tumeur cancéreuse), et des anti-infectieux. D'après une étude de Lucien Bongiorni et de Francisco Pietra, couvrant une période de 1966 à 1995, 46 % des analyses concernent les agents anticancéreux,

20 % les antiviraux, 15 % les antibiotiques, 5 % les anti-inflammatoires. En ce qui concerne l'origine des molécules examinées, la vie marine est prise en compte par la science médicale dans son ensemble, du plus petit ver extrait des abîmes – et des eaux volcaniques bouillantes – aux vers de nos plages, aux requins et aux grands cétacés, en passant par les poissons familiers (raies, thons, harengs, anchois, etc.), les mollusques, les pieuvres, les crustacés, les cônes, les coquillages, les méduses, les coraux menacés des mers tropicales... Dans les paragraphes qui suivent, je m'efforce de passer en revue les pouvoirs thérapeutiques des créatures marines – certains déjà utilisés, d'autres à l'étude. Entreprise ambitieuse qui m'a permis, en tant que médecin vétérinaire, de découvrir des territoires marins inconnus et un

potentiel insoupçonné – que vous allez découvrir à votre tour.

Première constatation : au-delà de leurs qualités nutritionnelles et de leur teneur élevée en oméga-3, les poissons que nous achetons au marché (thon, saumon, hareng, sardine, cabillaud noir, flétan, raie ou daurade) peuvent nous aider à combattre certaines maladies – et à guérir !

Le hareng a permis la mise au point du premier médicament antisida : on a utilisé sa laitance, riche en thymidine, pour synthétiser, dès 1995, l'AZT, ou Zidovudine, toujours utilisé dans le traitement de la lutte contre le VIH.

Du saumon on extrait une hormone – la calcitonine – qui a la propriété de neutraliser l'activité des mystérieux ostéoclastes qui attaquent les tissus osseux, surtout chez les femmes, et qui sont à l'origine de la plupart des cas d'ostéoporose. La calcitonine est utilisée par de nombreux médecins.

Comme celle du hareng, la laitance de saumon a intéressé les chercheurs. On en tire le sulfate de protamine qui est l'antidote à l'action anticoagulante de l'héparine et qui constitue une arme potentielle pour les chirurgiens.

La raie, que la gastronomie accommode le plus souvent au « beurre noir », nous est précieuse par son cartilage, qui a des propriétés curatives dans certains cas d'arthrose (on utilise aussi du cartilage de requin siki). Du cartilage de la raie, on a tiré l'Ergycartil, complément alimentaire mis au point par le docteur Lagarde (laboratoire Nutergia).

On a découvert que le cabillaud noir, pêché dans les mers voisines de l'Antarctique, avait des qualités d'hibernation particulière : il passait l'hiver en ne dépensant qu'un minimum de calories. Des chercheurs du British Antarctic Survey ont mesuré son rythme cardiaque, son alimentation, grâce à des balises acoustiques équipées de batteries. Une vingtaine de poissons ont été repêchés grâce au GPS. On a extrait des protéines qui donneront naissance à un ou plusieurs produits utilisables en chirurgie, en particulier en chirurgie plastique.

Le flétan, poisson plat des mers froides (très riche en oméga-3) intéresse les chercheurs qui sont sur la piste d'autres substances bénéfiques, en particulier de vitamines.

Le « tilapia » (un petit poisson d'élevage) a permis à M. Mac Lean, de l'université de Southampton, de produire le facteur humain VII, utilisé pour traiter les cas d'hémophilie. Ce facteur est une protéine : son gène est fixé dans le foie du tilapia. Chaque millilitre de sang humain contient environ 500 ng de cette protéine. En réussissant à fixer cette protéine dans le sang du tilapia, Mac Lean a rendu un immense service aux malades menacés par l'hémophilie. Et il y a l'important dossier médical du tetraodon, poisson sans écailles très connu au Japon qu'on appelle aussi fugu (ou poisson-globe), car il a la particularité de se gonfler dans l'eau quand il est menacé. Il est très recherché par les gastronomes japonais : découpé en minces tranches, son goût est très délicat (et son prix – 400 dollars la portion – très élevé). Mais attention : danger de mort. Seuls les cuisiniers qualifiés sont autorisés à le préparer : ils doivent retirer délicatement la peau et les viscères, en particulier le foie et les ovaires qui contiennent une toxine mortelle : la tetrodotoxine. Chaque année, on dénombre au Japon plus de cinquante morts dus à la consommation de fugu mal préparé.

La tétrodotoxine du fugu a été isolée en 1909 ; elle agit sur la membrane cellulaire humaine, bloquant les pores des canaux ioniques sodium, interrompant ainsi la transmission de l'influx nerveux vers la contraction musculaire. Ce poison est précieux en neurochirurgie : il est à la base d'un anesthésique très supérieur (100 fois d'après certains) à la procaïne. Au Texas (laboratoire JM Chung, de l'institut de biologie marine de Galveston), on utilise l'extrait de tétrodotoxine pour traiter le syndrome « membres fantômes » que l'on rencontre chez certains amputés. La firme canadienne de Vancouver (Canada), Wex, spécialisée dans la recherche des analgésiques et des anesthésiques, a tiré d'une variété de tetraodon, une substance – la tectine – qui a le pouvoir de neutraliser les douleurs des cancéreux. Les premières observations font état de 71 % de résultats positifs. La tectine est en phase III d'essais cliniques et intéresse beaucoup de cancérologues ; le laboratoire espagnol du docteur Esteve s'est associé à la Wex, avec l'objectif de faire approuver la tectine dans l'Union européenne.

Les poissons antipsoriasis d'Anatolie méritent une mention spéciale : ils ont le pouvoir de guérir le psoriasis en suçant les lésions à la surface de la peau. C'est aussi par la succion qu'opèrent à Kuala Lumpur (Malaisie) des poissons pédicures, qui sont capables de venir à bout de la plupart des problèmes superficiels de podologie : on plonge les pieds dans des bassins peuplés de petits poissons locaux, et on extrait les pieds guéris et rajeunis. À Alexandria, près de Washington, un élevage vient d'être créé.

Le poisson-zèbre, poisson d'aquarium, ne dort jamais. À l'université de Stanford (aux États-Unis), on étudie actuellement ses récepteurs d'une molécule de régulation du sommeil. Ces travaux très délicats – vu les doses minimales sur lesquelles on travaille – pourraient rapidement donner naissance à des substances utilisables dans les cas graves d'insomnie et de narcolepsie (endormissement incontrôlé).

Et puisque j'évoque le problème de sommeil, et les ressources marines dans ce domaine, je rappelle les observations que Guy Delage (qui a réussi la première traversée de l'Atlantique à la nage) a faites sur les daurades coryphènes. On ignorait comment les poissons dormaient – et même s'ils dormaient. Guy Delage a écrit :

« Les coryphènes venaient dormir sous mon radeau (un minicatamaran qui me servait de camp de base). Ils s'allongeaient sur l'eau et leur corps en flottabilité légèrement négative se mettait à planer en descendant doucement. Ils réglaient leur vitesse de progression et, par conséquent, leur descente sur la vitesse du minicatamaran, et donc sur la mienne. [...] Cent, deux cents daurades s'enfonçaient ainsi dans le bleu, au ralenti. [...] Ces superbes corps fuselés n'ondulaient plus, silencieux et tendus, constellés de paillettes bleu turquoise, puis ils disparaissaient doucement, engloutis par le bleu marine des abysses, lorsqu'ils atteignaient 30 à 35 m de profondeur. À cet instant, ils cessaient leur descente, reprenaient leur position de nage, remontaient en deux ou trois coups de queue à la surface et recommençaient une nouvelle phase de repos ! » (*Au nom de la mer*, Robert Laffont.)

Le pouvoir des éponges

C'est vers 1951, avec les travaux des Américains W. Bergmann et R. Feeney, que la recherche biomédicale commença à se pencher sur des créatures anodines, peu connues, plus familières des salles de bains que des laboratoires de biologie : les éponges. Le monde des éponges est immense, compliqué et encore assez peu connu. Il y a de minuscules éponges de quelques millimètres et des éponges géantes (plusieurs mètres) dans les mers chaudes. Certaines vivent en symbiose avec des bactéries (ce qui peut les rendre encore plus intéressantes pour les chercheurs), on a découvert récemment des éponges carnivores ! Elles vivent à toutes les profondeurs, à toutes températures, et on imagine que des milliers d'espèces échappent encore aux investigations.

Le plus connu des médicaments provenant d'une éponge est la Cytarabine (ou Ara C)[25] aux vertus anticancéreuses. Elle vient d'une éponge recueillie dans le sud de la Floride : *thetya crypta*. La Cytarabine est utilisée en milieu hospitalier, dans le traitement des leucémies lymphoïdes myèloblastiques, et est incluse dans de nombreuses chimiothérapies gagnantes.

La Cytarabine a une cousine germaine, la Vidarabine (ou Ara A)[26], dotée de pouvoirs considérables dans la lutte contre les virus. On l'utilise contre l'herpès et le zona, en particulier. Le laboratoire Fabre la commercialise sous forme de gel. La Cytosine arabinoside (CA) de synthèse est utilisée contre la leucémie.

On a, pendant un temps, placé de grands espoirs dans la girolline, molécule isolée dans une éponge du lagon néocalédonien *pseudaxinyssa cantharella*. Les chercheurs Christian Poupat et Alain Ahond, dans l'institut des substances naturelles de Gif-sur-Yvette, démontrèrent que la girolline, en inhibant la synthèse des protéines au niveau du ribosome, pouvait stopper la duplication anarchique des cellules ! Malheureusement, au cours des phases d'expérimentation humaine, on constata de graves effets secondaires neurologiques – baisses de tension en particulier. L'aventure de la girolline s'arrêta.

---

25. Labo Pfizer.
26. Adénine arabinoside.

Mais, à partir des éponges, bien d'autres aventures continuent. En Espagne, le laboratoire Pharmamar commercialise la thiocoraline, aux propriétés antitumorales, excrétée par un microbe actinomycète, l'*atero-monas*, qui prolifère à l'intérieur d'une éponge de l'océan Indien. Une éponge de l'île Maurice (*agelas mauritianus*) a donné naissance aux agelasphines cérébrosides, efficaces dans certains cas de mélanomes B16 (cancers de la peau) et dans le cancer du côlon. Les spongistatines isolées de *spongia* et de *spirastrella* sont des puissants cytotoxiques. La jasplakinolide vient d'une éponge de l'océan Pacifique. Elle a des propriétés antifongiques et cytotoxiques : elle attaquerait plusieurs variétés de tumeurs cancéreuses. Elle fut isolée en 1986 par Crews et Zabriskie. La mycaperoide, obtenue à partir de l'éponge mycale du Japon et la mycalamide extraite de la mycale de Nouvelle-Zélande seraient actives contre l'herpès, et certaines cellules cancéreuses[27]. L'éponge mycale contient aussi une patéamide A, agent immunodépresseur, tout comme la discodermolide, qui vient de l'éponge *discodermia*, et qui pourrait être utilisée pour prévenir les rejets de greffons, ou d'organes, en cas de transplantation. Selon Longley et Michèle Guyot, son action se révélerait supérieure à celle de la célèbre cyclosporine.

Récemment de nouveaux composants antiviraux ont été extraits des *batzella* (Patic, 1995), éponges

27. Michèle Guyot, « Substances d'origine marine pharmacologiquement actives », *Oceanic* vol. XXIII – n°1, 1997.

rouge vif des Antilles. Ces extraits – les batzelamides et le crambesun – sont étudiés dans la perspective d'un effet positif contre le rétrovirus du sida. Une autre direction de la recherche à partir des éponges concerne le psoriasis : un produit, la manaolide, extrait d'une éponge des îles Hawaï, serait sur le point d'être commercialisé.

La manoalide A, molécule extraite d'une bactérie marine qui vit en symbiose avec une éponge, aurait une action avec la duplication du VIH, responsable du sida. L'hyménialdisine, une autre éponge sécrèterait des substances anti-inflammatoires. Et d'une éponge de Nouvelle-Zélande (*agelasidae*), on a tiré un produit dont on étudie l'action possible sur les patients atteints de la maladie d'Alzheimer.

Le volume des bactéries contenues dans le corps de très nombreuses éponges peut dépasser 40 % de la quantité de leurs cellules propres (Vacelet et Donadey, 1977). On tend à croire que l'effet positif de certains produits, comme l'acide okadaïque et l'halichondrine B, isolés de l'éponge néo-zélandaise *lissodendoryx*, proviennent des seules bactéries de symbiose.

Laurent Meijer, à la Station biologique de Roscoff, signale l'isolement d'une molécule extraite d'une éponge, la merioline, qui, croisée avec une substance issue d'ascidie, pourrait ralentir la mort des neurones : un espoir de lutter contre la maladie d'Alzheimer ! Le jeune chercheur a découvert la roscovitine extraite des oursins et qui serait capable de lutter contre le cancer naso-pharyngal des poumons.

Les méduses, comme les éponges, font actuellement l'objet de travaux intensifs. On a décerné récemment le prix Nobel de chimie à des chercheurs qui ont utilisé le pouvoir fluorescent d'une protéine d'une méduse commune, la GFP, pour suivre le développement des cellules du cerveau et leur prolifération en cas de tumeur. Des travaux sont en cours à l'institut Curie à Paris (professeur D. Louvard).

Les mystérieuses ascidies

Les gourmets apprécient la saveur fortement iodée des « violets » méditerranéens (*microcosmus sabatieri*). Il s'agit d'une ascidie, une variété de tunicier. Les ascidies sont des organes primitifs qui se présentent sous forme de sorte de sacs à deux siphons, l'un pour l'arrivée de l'eau et des aliments, l'autre pour la sortie de l'eau. Dans les eaux troubles tropicales, on a découvert de nombreuses ascidies dont on a extrait des peptides cytotoxiques.

Une autre famille de molécules, les ectéinascidines, extraites de l'ascidie *ecteinascidia turbinata*, est en cours d'évaluation clinique au sein du groupe pharmaceutique espagnol Pharmamar. Le développement laborieux de cette substance symbolise les difficultés rencontrées lors des travaux de purification et d'analyse. Découverte au cours des années 1970, l'ectéinascidine est présente en très faible quantité chez l'animal. Sa récolte est extrêmement complexe. Il aura fallu vingt ans pour que les chimistes de l'université de l'Illinois et de l'institut océanographique Harbor Branch réussissent enfin à isoler une molécule de cette famille. Le chemin conduisant à un développement pharmaceutique put alors continuer. Ce métabolite inhibe le gène codant pour la glycoprotéine, qui élimine les drogues antitumorales de la cellule. Le problème est qu'il faut une tonne de ces minuscules ascidies pour obtenir un gramme de principe actif. C'est pourtant un véritable espoir thérapeutique contre mélanomes et cancer du sein. Les associations bactéries tuniciers sont décrites depuis 1992. La lobotamide est un macrolide isolé d'aplydium qui serait synthétisé par un pseudomonas, bactérie qui vit en symbiose avec l'ascidie.

En Tunisie, au large de Sfax, de nouvelles ascidies aplydium et zarzissine ont été découvertes par les missions Auracea organisées par Ardoukoba et Daniel Jouvance : on a isolé un extrait éthanolique doté d'activité antibactérienne et antifongique.

Danielle Pesando, chargée de recherche à l'Inserm et au laboratoire de physiologie expérimentale de Nice, place de grands espoirs dans les éponges, les coraux, les étoiles de mer et les oursins qu'elle a découverts en Nouvelle-Calédonie, en Polynésie et autour des îles Hanish en mer Rouge. Le docteur Fenical a découvert une ascidie dans une grotte sous-marine de l'île de Siquijor aux Philippines, dont il a extrait la diazonamide, produit qui serait actif contre le cancer du côlon.

Un crinoïde, véritable fossile vivant

Les crinoïdes sont des cousins des oursins et des étoiles de mer : ils se présentent sous la forme d'un calice à longs bras fixé par une tige flexueuse.

Cécile Debitus de l'Orstom (faculté de pharmacie de Nantes) a découvert que le crinoïde *gymnocrinus richeri* (que l'on croyait disparu il y a 140 millions d'années) possède des molécules antivirales. Ces animalcules vivent dans les eaux des îles Vanuatu et Solomon et dans la zone Norfolk de Nouvelle-Calédonie. On en extrait les gymnocromes B et D qui ont des propriétés antivirales sur la réplication du virus de la dengue. Ces métabolites sont des pigments de type hypericine (substance d'origine végétale) « marinisés » par du brome et des sulfates. (La dengue causée par un *flavivirus* à ARN est transmise par le moustique *aedes aegypti* et atteint chaque année plus de 40 millions de personnes).

Les concombres des mers (ou holoturies)

On estime à un millier les variétés de ces fameux concombres de mer dont la taille varie de quelques millimètres à un mètre. Ils vivent sur les fonds sableux des océans jusqu'à 4 000 mètres de profondeur.

Les chercheurs (*Sciences*, 7 mars 2008) ont retenu un espoir thérapeutique dans leur peau, capable de se durcir ou se ramollir très rapidement. À la Case Western University de Cleveland, on a mélangé des nanofibres de cellulose issues d'une ascidie à un polymère caoutchouteux et on envisage de les utiliser comme implants. Certains holothurides ont une action anesthésique sur les brûlures des méduses et les blessures par piqûre d'oursin.

Les bryozoaires et les anthozoaires

Il s'agit de créatures appelées parfois gorgones, qui forment des colonies brun pourpre le long des côtes rocheuses ou s'accrochent à des substrats artificiels, comme les coques de bateaux, les piles de ponts, etc. Le bryozoaire (*endobugula sertula*) vit en symbiose avec une bactérie qui sécrète une molécule active, la bryostatine. Cette substance qui recouvre les larves mobiles de bryozoaires agit comme un répulsif des poissons prédateurs. Elle fait actuellement l'objet de recherches très poussées. Elle me semble représenter de grands espoirs – dans les domaines de la biostimulation, et de la lutte contre le cancer. Sa production en aquaculture a déjà commencé à San Diego (Californie).

À l'université de Santa Barbara (Californie), on a extrait d'un anthozoaire des pseudoptérosines actifs contre les brûlures, possédant des propriétés anti-inflammatoires. D'après Pierre Potier, elles pourraient être utilisées aussi contre le psoriasis et l'arthrose.

Il semble que l'on soit loin d'avoir étudié toutes les ressources de ces créatures marines. À Roscoff, on travaille sur la *dendrodoa gromulaena*, dont on a observé l'action positive sur certaines tumeurs : une gorgone de Nouvelle-Calédonie pourrait intervenir dans la différenciation cellulaire.

Le requin contre le cancer

Une substance – actuellement en phase III d'expérimentation – extraite du requin me semble présenter un intérêt particulier. Le requin est la seule créature du règne animal à échapper au cancer. Traditionnellement, l'huile tirée du requin avait de nombreux usages – y compris alimentaires. Puis, on découvrit que le squelette du requin était entièrement en cartilage : on en tira des produits pour les arthritiques. Aujourd'hui, le cartilage de requin – exporté surtout par la Nouvelle-Zélande – contenant 15 % de calcium, 8 % de phosphore et des mucopolysaccarides, est un médicament classique contre les douleurs, prescrit par de nombreux médecins.

Mais il y a mieux. Une molécule extraite du foie de requin pourrait aider à lutter contre certains cancers (en particulier les tumeurs au cerveau). On est parvenu à stopper le développement de gliomes dans le cerveau de rats de laboratoire, en leur injectant un extrait de foie de requin (revue *Cancer Research*, 2001). Les qualités antibiotiques de ce produit sont connues depuis 1955. On lui prête désormais des pouvoirs anticancérigènes : il bloquerait l'angiogenèse, phénomène de vascularisation essentiel dans le développement des tumeurs. On le connaît actuellement sous le nom de squalamine. Selon mes renseignements, il est testé aux États-Unis, à l'université du Wisconsin, à l'université de Georgetown et à UCLA ; un complément alimentaire à base de foie de requin, supposé « stimuler les défenses naturelles » appelé Immunostim, est déjà disponible. Le laboratoire Nutrylis (de Divonne-les-Bains) commercialise un produit, l'Alkyrol, à base de lipides prélevés dans l'huile de foie de requin du Groenland – présenté comme un stimulant immunitaire, et une protection contre les effets de l'âge.

La richesse des huîtres

Vedette des restaurants gastronomiques, complément des repas de gala, l'huître possède – on l'ignore en général – un riche passé médical. Au-delà de sa réputation discutée d'aphrodisiaque, on trouve sa trace – avec le miel – dans les plus anciens textes thérapeutiques qui nous soient parvenus. Oribase, médecin de l'empereur romain Julien, recommandait sa consommation pour les « maladies du ventre ». Le roi Henri IV lui attribua la guérison d'une « fièvre quarte » qui avait failli l'emporter. Au Moyen Âge, on faisait appel à elle pour guérir la phtisie, et les écrouelles. Dans un *Dictionnaire des sciences médicales* de 1885, j'ai trouvé les lignes suivantes : « L'huître ne constitue pas seulement un aliment léger, stimulant de l'estomac, elle est aussi un médicament de premier ordre convenant surtout dans la convalescence des maladies aigües. » Il n'y a pas si longtemps, les marins l'utilisaient écrasée dans son eau pour traiter les plaies infectées.

On sait aujourd'hui que de toutes les substances alimentaires, animales ou végétales, c'est l'huître qui, après le foie de veau, contient le plus de cuivre. Le cuivre est avec le fer un des métaux les plus importants de la nutrition humaine : le cuivre est le complément nécessaire du fer dans la formation de l'hémoglobine. Dès les années 1930, des expérimentations ont été réalisées (par Levine, Remington et Clip) sur des rats anémiés par un régime lacté. Il a été démontré que dans ces cas d'anémies, l'huître jouait un rôle capital – à la fois par sa teneur en cuivre et en fer ionisé. Par ailleurs, l'huître est riche en iode – et cet iode déjà fixé sur une molécule organique est facilement assimilable, évitant la toxicité, l'intolérance et les troubles liés à un apport en iode. Ainsi, l'huître est souvent prescrite pour la prophylaxie des goitres.

On lui attribue aussi des pouvoirs de guérison dans certains états prébacillaires, et dans la tuberculose (*Travaux de Fonsagrive*, du professeur J. Carles). Entre les mains du thérapeute, l'huître peut devenir un médicament précieux dans les maladies de carence, et comme stimulant biologique en général. Enfin, récemment, on m'a communiqué des observations sur le pouvoir de certaines huîtres de l'Hexagone de s'opposer grâce à leurs peptides à l'apparition, dans l'organisme humain, des fameux radicaux libres, principaux agents des troubles de la sénescence – et du vieillissement en général. L'huître serait donc – aussi – le secret de la lutte anti-âge. Un éleveur scandinave, en les nourrissant au Viagra, aurait mis sur le marché une forme nouvelle de stimulant sexuel pour les hommes !

Selon Pierre Potier, la nacre fait toujours l'objet d'essais cliniques pour constituer des implants et greffes en chirurgie orthopédique et même parodontique (qui concerne les mâchoires). Évelyne Lopez et Mme Le Faou, du Muséum d'histoire naturelle, ont travaillé sur une huître perlière géante des Philippines, *pinctada maxima* (elle peut atteindre 10 kg). Récemment, à partir d'expériences sur les rats, on a observé que la nacre de *pinctada maxima* possédait des pouvoirs régénérateurs très importants, des propriétés angiogéniques et cicatricielles – en particulier par apposition au contact de l'os.

Des substances efficaces tirées de la nacre seront, dans un proche avenir, mises à la disposition des chirurgiens et des dentistes.

Cousine plus discrète – bien que très appréciée, elle aussi, en gastronomie – la moule s'est fait remarquer dernièrement par sa production de protéines de fixation – des colles – dotées de qualités exceptionnelles. À la clinique universitaire de chirurgie maxillo-faciale de Francfort, le docteur Sadier a étudié leur utilisation dans le domaine des implants dentaires. Il a même remporté le concours de l'innovation médicale en 2007. Les vertus « collantes » de la moule permettraient même d'envisager leur utilisation en chirurgie cardiaque : on pourrait un jour coller les valvules cardiaques, au lieu de les suturer.

À plus de 1 500 mètres de profondeur, on a découvert une moule *bathymodiolus* qui possède des enzymes réparateurs de l'ADN : l'énergie, sous ces pressions, provient de l'oxydation du soufre et du méthane, non de l'énergie solaire !

Un mot sur les œufs d'oursins – ces autres vedettes des plateaux de fruits de mer – d'origine bretonne. Leurs cycles de division cellulaire font l'objet d'études dans plusieurs laboratoires en Europe et aux États-Unis. L'idée est de découvrir, à travers leurs divisions cellulaires, des enzymes actifs dont la médecine pourrait tirer profit.

Crevettes, calmars et limules

En dégustant crevettes ou crabes, on pense rarement que leurs carapaces recèlent une substance précieuse, la chitine, utilisée pour ses propriétés gainantes, antiseptiques, et sa perméabilité aux échanges gazeux. Elle est la base du traitement des grands brûlés. À partir des mêmes carapaces, on extrait le chitosan, un polysaccharide qui permet la mise au point de la peau artificielle (on utilise le chitosan en médecine vétérinaire dans des cas d'urémie, car il a aussi la propriété d'absorber l'urée au niveau du tube digestif). La chitine, provenant cette fois de calmars (ou encornets), a aussi permis, tout récemment, de réaliser un cartilage artificiel très proche du tissu naturel qui recouvre les articulations (travaux du CNRS, de l'université et de l'INRA à Lyon).

Des crevettes des eaux tropicales élevées en aquaculture aux États-Unis sécrètent des molécules peptidiques antibactériennes et antivirales – actuellement étudiées au CNRS et par Ifremer. Et récemment, si l'on en croit le bulletin de pharmacologie de Bordeaux, le crabe des îles Hawaï (*palythoa tuberculosa*) a permis d'extraire des palytoxines, très actifs vasoconstricteurs, qui laissent entrevoir une possible activité antitumorale. À suivre.

Un mot maintenant des limules – ces habitants des profondeurs qu'on situe parmi les arthropodes entre les crabes, les araignées et les scorpions, et que certains tiennent pour les ancêtres de toutes les créatures marines. Ils n'auraient pas changé depuis 350 millions d'années ! Au printemps, les limules se rassemblent sur les rivages de Californie et des Antilles pour se reproduire. Au moment de la pleine lune, lors de la marée la plus haute, les femelles creusent un trou dans le sable et pondent entre 2000 et 20000 œufs que les mâles fertilisent. Les œufs incubent pendant cinq semaines environ dans le sable ; la marée haute de la pleine lune suivante les emporte, ce qui permet aux larves de se développer dans l'eau.

Depuis peu, ces créatures aux mœurs singulières ont polarisé l'attention des chercheurs. Elles sont pourvues d'une carapace en forme de fer à cheval prolongé par un long aiguillon, possèdent six paires de pattes : leur aspect assez effrayant a servi de modèle à la forme juvénile de la redoutable créature de l'espace du film *Alien*. Il y a longtemps que l'on sait que leur sang – de couleur bleue – a des propriétés particulières : il coagule en présence de certaines bactéries. Il existe un « test limulus » utilisé pour s'assurer de la pureté de certains équipements médicaux et pour détecter les microbes dans certaines maladies, comme la méningite cérébrospinale. Les fabricants de boisson gazeuse les utilisent pour contrôler la pureté de leurs liquides de base (Pepsi-Cola, me dit-on). Les robots de la NASA, avant leur envol vers l'espace, sont testés avec du sang de limule ; on l'utilisera bientôt pour purifier l'insuline. Mais on attend encore plus de la limule. Au laboratoire de biologie marine Woods Hole (Massachussets), on travaille sur des peptides extraits de leur sang, la tachyplesine et la polyphemusine. Certains chercheurs ont formulé l'hypothèse que ces substances constituent un espoir dans la lutte contre le sida. Et, pour en terminer avec cet arthropode antédiluvien, je signale que c'est en étudiant les yeux de la limule que le docteur Haldan Martine est arrivé à d'étonnantes conclusions sur le fonctionnement de la vision humaine (conversion des signaux visuels en images). Ces travaux lui valurent le prix Nobel.

Les cônes

Les cônes des mers tropicales, que l'on appelle aussi « escargots marins », ne sont pas des créatures attrayantes, encore que j'ai connu des collectionneurs qui payaient de grosses sommes pour une coquille rare. Leur famille compte plus de 500 espèces, la plupart venimeuses. Ils capturent leur proie grâce à une substance particulièrement toxique, la conotoxine. La majorité des composants actifs de ce venin est constituée de petits peptides, riches en ponts disulfurés, composés de 7 à 35 acides aminés[28]. Leur effet sur le système nerveux est foudroyant : en particulier, ils inhibent les canaux calcium des neurones. On a extrait d'un cône de Nouvelle-Zélande un produit, le ziconotide, considéré comme un antidouleur 100 fois plus puissant que la morphine ! Il est développé à Cambridge (USA) et on espère l'utiliser bientôt pour lutter contre l'épilepsie, diverses scléroses et des troubles circulatoires. Le professeur Callum Roberts (université de New York) confirme que les toxines des cônes sont bien plus puissantes que la morphine comme antidouleur, et ne provoquent ni addiction ni accoutumance. Le ziconotide est entré dans l'univers hospitalier américain : le professeur Miljanich a mis au point une pompe placée sous la peau, au niveau de l'estomac, qui déverse le produit dans la circulation sanguine. Si on peut attendre beaucoup des venins des cônes, on doit se hâter : il reste, d'après les spécialistes, plus de 10 000 venins à analyser, et bien

28. Études de Frédéric Le Gall et Philippe Favreau à l'université de La Rochelle et du laboratoire de neurobiologie cellulaire de Gif-sur-Yvette.

des espèces auront disparu, victimes de la pollution, avant d'avoir été recueillies par les laboratoires !

Les secrets du lièvre des mers

Une menace du même ordre pèse sur une autre créature discrète de la mer, un octopode cousin des pieuvres qui a donné naissance aux fameuses dolastatines, utilisées dans la lutte contre le cancer : le lièvre des mers.

Le lièvre des mers vit dans l'océan Indien. Il est connu sous le nom de *dolabella auricularia*, et fait l'objet, depuis quelques années, de travaux très pointus – en particulier à l'université de Nantes (professeur Jean-François Verbist) et à travers l'association Ardoukoba Daniel Jouvance. L'efficacité des dolastatines, souvent associées à des chimiothérapies anticancéreuses, est avérée. Mais les perspectives étaient limitées par les difficultés de production : pour obtenir 30 mg de dolastatine, il faut traiter 1 000 kg de lièvres de mer ! Heureusement, les chercheurs ont réussi à synthétiser la molécule active sous le nom de Cematodine, ce qui a rendu possible son introduction dans l'arsenal anticancéreux.

Demain : le sang artificiel

Les vers ou invertébrés marins constituent un monde à part, assez peu connu, et dont on peut attendre beaucoup sur le plan médical. Leur sang a des propriétés particulières (surtout ceux qui vivent près des sources sous-marines chaudes). Malgré les conditions extrêmes qui y règnent – substances toxiques, pression, chaleur, obscurité – la vie y est exubérante, révélant des êtres aux particularités physiologiques stupéfiantes dont la médecine peut clairement tirer profit.

À l'intérieur de ces organismes mystérieux, on a découvert des bactéries tirant leur énergie de l'hydrogène sulfuré, permettant ainsi aux mécanismes vitaux de fonctionner. En outre, ces créatures présentent une hémoglobine (molécule essentielle à la vie de l'homme) dont le poids moléculaire est 50 fois supérieur à celui de l'homme. Ce qui, si on la synthétisait, procurerait un formidable substitut sanguin.

À la station biologique de Roscoff, Franck Zal travaille sur ces animaux des profondeurs. Mais il étudie aussi un ver qui se trouve à ses pieds, l'arénicole (*arenicola marina*), dont tout le monde connaît les tortillons qu'il laisse sur le sable des plages : son hémoglobine possède, elle aussi, des caractéristiques intéressantes (poids moléculaire élevé, structure proche de celles de l'homme). D'un gramme de ver, on extrait environ 30 mg d'hémoglobine. Le sang est une denrée rare en milieu hospitalier. Au niveau mondial, on estime à 100 millions de litres les besoins non satisfaits ! Dans un proche avenir, de toutes ces recherches sur les vers devrait sortir un substitut valable – que tous les médecins attendent avec impatience. Ce serait aussi une avancée dans le domaine de la cicatrisation et des greffes. Les essais sur les rats se sont révélés très satisfaisants.

Les vers marins nous ouvrent d'autres perspectives. On a signalé il y a peu des travaux sur un ver nommé *amphiponus*: on en a tiré une toxine neuroparalysante et neuroprotectrice, d'où l'idée d'utiliser son analogue synthétique, le DMXB-anabaseine, dans le traitement de la schizophrénie et de la maladie d'Alzheimer.

Au terme de ce tour d'horizon des créatures de la mer qui nous guérissent, ou nous guériront, je dois mentionner un dernier « animal » marin, le corail. Il existe plus de 800 espèces de coraux vivant dans les zones indo-pacifiques et caraïbes. Les récifs coralliens ne représentent que 0,4 % de la surface des océans, mais abritent un tiers de la biodiversité marine ! Sur 1 km^2 de récifs vivent plus d'espèces que sur l'ensemble des côtes européennes ! Notons que la France possède le quatrième récif corallien par l'étendue en Polynésie et en Nouvelle-Calédonie. Du corail, on extrait un certain nombre de molécules aux vertus médicinales diverses. L'une d'elles, l'eleutherobial, est supposée avoir un pouvoir antitumoral. On extrait aussi du corail leur support calcique employé en chirurgie réparatrice. Mon ami et confrère Jean-Louis Patat déclare :

« Les exosquelettes calciques d'espèces de Nouvelle- Calédonie sont utilisés en chirurgie orthopédique comme en chirurgie maxillo-cranio-faciale.

La résorption s'effectue dans une période de six mois à quatre ans. »[29]

Les résultats n'ont pas toujours été à la hauteur des espoirs. Mais les biologistes n'ont pas baissé les bras, et de l'univers corallien des madrépores où l'animal vit en symbiose avec des végétaux, on doit s'attendre, dans les années à venir, à de nouvelles molécules pourvues de vertus salvatrices. À condition que nous réussissions à sauver cet écosystème menacé par l'élévation de la température et l'acidification de l'eau de mer. D'après certains spécialistes, si l'acidification s'accentue, le corail aura disparu totalement dans cinquante ans.

---

29. Patat J. L. et Guillemin G., « Le corail naturel utilisé comme biomatériau de substitution à la greffe osseuse. »

VII

Les poissons des mers froides : une réserve d'« oméga-3 »

Comme beaucoup de mes contemporains nés avant la Seconde Guerre mondiale, j'ai absorbé dans mon enfance de « l'huile de foie de morue », au goût et à l'odeur repoussants : ce produit avait la propriété de favoriser la croissance (on devait prendre des « fortifiants ») et même de protéger contre l'ennemi principal de l'époque, la tuberculose. Sans le savoir, les médecins célébraient déjà les pouvoirs régénérateurs et protecteurs des acides gras polyinsaturés, plus connus de nos jours sous le nom d'« oméga-3 ». Ce sont les vedettes des pharmacies et des journaux – que préoccupent les problèmes de santé ! Impossible d'ignorer leurs propriétés nutritionnelles ou thérapeutiques. Il est difficile aujourd'hui d'échapper aux « oméga-3 » !

Il s'agit en réalité d'une grande famille des acides gras poly-insaturés (AGPI) que nous connaissons bien. À l'origine, il y a l'acide alpha-linolénique (ALA), et différents autres acides dont les rôles anti-inflammatoire et anti-allergique sont connus. Assurant la protection des artères et du cœur, ils jouent un rôle important dans la formation des spermatozoïdes, dans le développement du cerveau[30] et de la rétine. Ces acides gras sont dits « essentiels », car sans eux, l'organisme ne peut survivre. Or, nous n'en produisons pas : il faut donc impérativement que nous en absorbions à travers notre alimentation.

Ces substances essentielles furent d'abord appelées vitamine F. Puis, il y a une cinquantaine d'années, alors que se développait la diététique (science des aliments), des observations faites sur les Esquimaux du Groenland (les Inuits) donnèrent naissance à plusieurs enquêtes de grande envergure. En 1931, le chercheur suisse Karrer isola la vitamine A de l'huile de poisson, ce qui lui valut le prix Nobel. Cette vitamine prévient les troubles de la vision nocturne.

Il apparut peu après que chez ces peuplades, grandes consommatrices de graisses de poissons (et de phoques), les crises cardiaques étaient à peu près inexistantes. Plus tard, ces statistiques furent étendues aux cancers. Les graisses de poisson, qui

30. Plus de 50 % de la masse du cerveau est constituée de lipides. Plus de 60 % de ces lipides sont des acides gras oméga-3.

jusque-là n'étaient utilisées que dans les industries du cuir et du caoutchouc, dans la fabrication des lubrifiants et dans la mise au point de peintures, intéressèrent certains laboratoires. Les conclusions dans les années 1980/1990 furent positives : les graisses de poisson gras des mers froides étaient détentrices de pouvoirs thérapeutiques importants et prometteurs pour l'homme, alors que les acides gras végétaux (fabriqués par les plantes) sont « à courte chaîne » (c'est-à-dire comportant moins de 15 atomes de carbone) et sont donc oxydables, les acides gras marins à longue chaîne (18 atomes de carbone), non saturés, ont un effet très positif sur notre organisme à différents niveaux.

Des oméga tout-puissants !

Depuis, la recherche n'a cessé de s'intensifier, et aujourd'hui, les oméga-3 (et leurs cousins les moins célèbres, les oméga-6) ont donné naissance à une quantité considérable de produits synthétisés actifs, auxquels on prête des vertus particulières. Voici l'opinion de Jean-Pierre Calligari, docteur en biochimie, qui travaille à Rennes :

« Les acides gras sont des nutriments de première importance pour l'homme et les animaux ; principaux constituants de la matière grise (ils constitueraient plus de la moitié de la masse du cerveau), de l'épiderme, de la rétine, ils jouent un rôle important au niveau du système nerveux central. [...] Ils favorisent le traitement et la prophylaxie de nombreuses maladies de la civilisation, maladies cardiovasculaires (angine de poitrine, maladies des vaisseaux, etc.), maladies inflammatoires, maladies du système immunitaire, dans les problèmes de croissance néonatale… Tout indique que les acides oméga-3 tiendront une place de plus en plus importante dans les domaines de la nutrition, de la diététique, et de la santé. »

C'est aussi l'opinion du docteur Jean Abitbol, qui leur attribue un rôle essentiel dans le fonctionnement cérébral, la concentration, l'équilibre du système nerveux.

Selon le docteur Michel de Lorgeril (faculté de médecine de Grenoble) et Patricia Salen, diététicienne de Lyon, les oméga-3, dont dérivent l'EPA et le DHA, ont pour précurseur l'acide alpha-linolénique. Ils ont un effet positif dans les cas d'inflammation vasculaire ou articulaire. Ils sont à l'origine des prostaglandines de type 3 (PGE3) aux propriétés anti-inflammatoires, anti-allergiques et vasodilatatrices[31].

L'équipe du professeur Philippe Bougnoux, à Tours, étudie l'effet de régimes à base d'oméga-3 et 6 sur les tumeurs du sein, et les cancers du côlon et du rectum.

D'autres équipes travaillent sur les effets positifs des régimes intensifs sur les phénomènes

31. Docteur Lagardec, *Votre santé se cache au cœur de vos cellules*, Édition Jouvence, 2008

inflammatoires, les douleurs articulaires, l'arthrose rhumatoïde, et même l'asthme et l'emphysème pulmonaire. Dans ses deux best-sellers[32], David Servan-Schreiber affirme qu'un régime sérieux à base d'oméga-3 diminue de façon importante les risques de cancer, et augmente l'efficacité du système immunitaire (il a lui-même été atteint par une tumeur cancéreuse du cerveau – guérie !). D'autres chercheurs ont écrit qu'un régime basé sur les oméga-3 protégeait de la maladie d'Alzheimer. J'ai eu connaissance de publications affirmant que les oméga-3 avaient un effet positif dans les recto-colites hémorragiques (maladie de Crohn), dans le psoriasis, l'ostéoporose, certaines formes de diabète et d'obésité et la dégénérescence maculaire liée à l'âge (DMLA). On attribue aussi aux oméga-3 un pouvoir en matière de médecine psychiatrique : les membranes de l'encéphale étant riches en acides gras, leur carence serait génératrice de déficience dans la synthèse des neurotransmetteurs au niveau de l'hypothalamus. David Servan-Schreiber cite le cas d'un médecin devenu maniaco-dépressif, qui recherchait avec difficulté un nouvel équilibre dans les tranquillisants ; il les remplaça par une prise quotidienne de neuf capsules d'un extrait d'huile de poisson, et ses troubles diminuèrent de façon spectaculaire. Les psychiatres sont intéressés par les oméga-3. Les archives de psychiatrie générale (Simon et Schuster,

32. *Guérir,* Éditions Robert Laffont, 2003 et *L'Anticancer,* Éditions Robert Laffont, 2007.

2001) font état des travaux du docteur Puri, qui utilise les oméga-3 dans le traitement de la maladie de Huntington, de Parkinson – et même dans certains cas de schizophrénie. Enfin, de différentes sources, j'ai recueilli des témoignages soulignant le rôle des oméga-3 dans la lutte contre l'insomnie. La cause semble entendue. (En ce qui me concerne, je ne manque pas d'avaler chaque jour deux gélules d'Ergy 3 du laboratoire Nutergia de Capdenac). Et ce sont les poissons – surtout ceux des mers froides à cause de leur graisse – qui sont en grande partie producteurs d'oméga-3.

C'est une raison supplémentaire de veiller à la survie des espèces menacées par la pollution ou la pêche intensive : nous avons besoin des thons, qui peuvent descendre à une profondeur de mille mètres, mais qui sont victimes de véritables massacres, des saumons (surtout sauvages), des harengs, des maquereaux, des flétans, des sardines – la liste n'est pas exhaustive. Ces créatures constituent notre réserve naturelle d'oméga-3. Sachons toutefois que les oméga-3 ne sont pas leur exclusivité. Le CLA (conjugated linoleic acid), par exemple, dont le professeur Bourgnoux (INRA, Tours) étudie avec son équipe les effets sur la croissance des cellules cancéreuses, est recueilli dans des fromages de chèvre ou de brebis nourries exclusivement à l'herbe. On peut extraire des oméga-3 du fromage de Cantal produit par le lait des vaches de Salers (lesquelles ne connaissent pas d'aliment industriel), dont j'ai observé la fabrication dans ma jeunesse chez ma grand-mère dans la vallée du Falgoux.

La réserve principale d'oméga-3 se trouve bien dans les graisses des poissons des mers froides. Synthétisées, elles sont désormais à notre disposition sous des formes diverses : médicaments (gélules), compléments alimentaires, etc. Il ne tient qu'à nous de les privilégier, en particulier dans notre alimentation. C'est peut-être une des conditions de notre équilibre et (toujours sous réserve et preuves supplémentaires) de notre victoire sur les tueurs qui nous menacent. Je pense entre autres aux radicaux libres, d'où l'intérêt d'associer les oméga-3 aux autres antioxydants. En fait, le rapport d'absorption des acides gras oméga-6 / oméga-3 devrait être de 2 pour 1. Une prise de 3 g d'oméga-3 par jour me semble donc souhaitable.

Nous tenons également à mentionner un article de Frédéric Lewino intitulé « Tout est bon dans le poisson »[33], signalant qu'à l'échelle mondiale, presque 60 millions de tonnes de bonne matière organique forgée au cœur des océans sont gaspillées. C'est ainsi que l'auteur relate les travaux de Jean-Pascal Bergé de l'Ifremer[34], coordinateur du Réseau Seapro, destinés à valoriser les coproduits de la mer à base de têtes, de peaux, d'arêtes, de nageoires et d'entrailles de poissons. Il cite pour exemple les travaux de la

33. Parution dans *Le Point* n°1918, en juin 2009.

34. Les lecteurs peuvent se connecter à l'adresse www.ifremerc.fr (blp@ifremer.fr) et se mettre en rapport avec les aimables documentalistes : madame Barbier et Véronique Gauthier.

Station de biologie marine de Concarneau, dont Yves Le Ball fut directeur et où Benoît Cudennec achève une thèse sur les vertus coupe-faim de certains peptides extraits de la chair des poissons. En avril, Copalis, entreprise de Boulogne-sur-Mer destinée à recycler les déchets de poisson, présentait l'ingrédient Collactive aux vertus anti-âge et antirides, riche en collagène et en élastine extraits de la peau des poissons.

Copalis a également commercialisé Nutripeptin destiné à réduire l'index glycémique, le Protensin, actif dans la régulation de la pression artérielle, sans oublier les oméga-3 et la poudre de cartilage indiqués contre les rhumatismes. Frédéric Lewino, auteur de cet article passionnant, évoque également le prochain défi de Copalis associé à Seamineroil : « Tirer parti de la falaise de 100 000 tonnes de coquilles abandonnées par les mangeurs d'huîtres et de moules ».

VIII

Vitamines et oiseaux

Au fil de ma carrière de vétérinaire, j'ai soigné, opéré et observé un grand nombre d'oiseaux – en particulier des perroquets et autres oiseaux parleurs. Je leur ai consacré plusieurs ouvrages. Je me suis penché sur les problèmes des grandes migrations, ces extraordinaires voyages de groupe que les oiseaux accomplissent sur des milliers de kilomètres, guidés par des radars invisibles dont nous n'avons pas – pas encore ? – percé les secrets. J'ai aussi réfléchi à tout ce que nous devons aux oiseaux, ces créatures étonnantes, familières ou inaccessibles qui volent autour de nous et dont l'imitation a permis à l'homme de s'affranchir de la pesanteur. Dans le domaine de la santé, plusieurs découvertes importantes doivent leur être créditées.

En premier lieu, celle des vitamines ! En 1889, un médecin hollandais, le docteur Eijkman, constate que des poules, nourries au riz poli, glacé et décortiqué, sont victimes de troubles nerveux et succombent à la paralysie. Il en conclut que le riz complet – leur nourriture précédente – contient une substance indispensable à leur survie. Vers 1910, poursuivant ces observations, un savant polonais, Kazimierz Funck, démontre que des pigeons soumis à certains régimes à base de graines décortiquées sont atteints de béribéri, et que la maladie est évitée quand on leur administre de la levure ou du son. Il y a donc des substances mystérieuses indispensables à la vie, et dont l'absence est à l'origine de maladies graves, voire mortelles. Il les nomme « vitamines ». Leur carence, affirme-t-il, peut entraîner le scorbut, le rachitisme, la pellagre, etc. Ses intuitions seront prémonitoires. Par la suite, pour étudier et préciser le rôle des vitamines, des chercheurs feront appel aux pigeons. Je pense aux travaux de E. Weil, Mouriquand, L. Randoin, P. Potier, sans oublier H. Simonnet, mon maître à l'école vétérinaire de Maisons-Alfort. Grâce à eux et aux pigeons, on arriva à distinguer la vitamine B1 antinévritique (anévrine ou thiamine) de la vitamine B2 ou riboflavine, et de l'acide nicotinique ou vitamine P, de l'adermine ou vitamine B6, de la biotine, de l'acide pantothénique et de la colabamine, ou vitamine B12.

Le pigeon, à l'origine de la découverte des vitamines, sera par la suite remplacé, sur la suggestion de B. Jansen d'Amsterdam, par un passereau de Java. Grâce à ce petit oiseau rare au plumage délicat, le monde des vitamines s'ouvrira aux hommes ! C'est aux poulets qu'on doit plusieurs découvertes essentielles dans le domaine des vitamines. En particulier en ce qui concerne les vitamines antirachitiques, comme la D2 (ou calciférol) ; la D2 n'est active que chez l'homme et le rat. Seule la vitamine D3 est active chez les oiseaux. Quant à la vitamine K, antihémorragique, le physiologiste Dam la découvre en constatant des hémorragies sous-cutanées et intramusculaires chez des poulets soumis à une alimentation particulière, dépourvue de vitamines.

Notons aussi qu'en son temps, Fleming, le génial inventeur de la pénicilline, a mis en évidence le pouvoir antibactérien du blanc d'œuf, en isolant un agent actif, la lysozyme. Le professeur Léon Binet (doyen de l'Académie de médecine et membre de l'Académie française) a prolongé cette découverte et, avec Bernard Halpern et Monique Briot, a démontré que l'injection intrapéritonéale d'ovalbumine chez le rat provoquait la production d'histamine, agissant sur la perméabilité des vaisseaux capillaires, provoquant un œdème des extrémités et de l'hypotension artérielle. Ces travaux ont permis la mise au point de plusieurs médicaments utilisés en cardiologie, et dans la prévention des troubles des coronaires. La coquille d'œuf, à travers la silice de sa membrane, nous a donné la Silinovea, produit qui a la vertu de fixer le calcium dans le corps humain. On l'utilise en cosmétologie pour traiter ou fortifier les cheveux et les ongles (complément alimentaire, laboratoire Motima).

Si notre reconnaissance doit aller vers les pigeons et les poules, elle ne se limite pas à ces volatiles : d'autres espèces ont ouvert la voie à des progrès importants et permis la mise au point de remèdes efficaces. Je pense au canari, cet « oiseau de compagnie ». Il est vingt fois plus sensible que l'homme au monoxyde de carbone, qui peut être mortel : dans les mines, il avait la mission de détecter les émanations de gaz – et s'acquittait sérieusement de cette tâche. C'est aussi à partir d'un virus qui s'attaque au canari – celui de la variole – qu'on a essayé de synthétiser un des premiers anticorps utilisés dans la lutte contre le VIH, le rétrovirus du sida. Des travaux sont en cours, qui aboutiront peut-être à la mise au point d'un vaccin. L'objectif est difficile, car le virus du sida attaque les cellules qui fabriquent les anticorps. On ne peut donc l'attaquer de front, et il a fallu faire appel au génie génétique, en quête de vaccins dits « recombinants ». Ce genre de vaccin est fait d'un virus vivant, mais inoffensif pour l'homme, dans le génome duquel on place des fragments du VIH et, en particulier, un gène du VIH à l'origine de l'enveloppe du virus. Injecté dans un organisme humain, ce vaccin provoque la naissance d'anticorps, les uns concernant le virus porteur, les autres concernant l'enveloppe du VIH. Le virus de la variole bovine a, dans un premier temps, constitué la base de cette recherche (on lui a incorporé du VIH), puis les chercheurs se sont tournés vers le virus de la variole des canaris. La recherche autoriserait aujourd'hui quelque espoir.

À ce paragraphe concernant l'apport des oiseaux à la recherche médicale, je tiens à ajouter les résultats d'observation sur le rôle que les oiseaux peuvent jouer, auprès des humains, sur le plan de l'équilibre mental ou affectif.

Bien que les oiseaux ne soient pas considérés – à l'exemple des chiens, des chats, des chevaux ou des dauphins – comme des soutiens aux handicapés ou aux malades mentaux (voir la seconde partie de cet ouvrage), j'ai été frappé, au cours de ma carrière, par leur apport dans des cas de troubles psychiques. Mon confrère et ami Ange Condoret m'a raconté comment une tourterelle qu'il offrit à une petite fille autiste, nommée Betsabée, lui permit de s'ouvrir au monde, provoquant le premier sourire de sa vie ! (L'Afirac possède le film de cette rencontre). Chez Samuel Ross, à Grey Chimneys, des oiseaux blessés ou abandonnés (aigles, faucons, chouettes) sont utilisés pour développer le sentiment de responsabilité d'enfants en difficulté. Au début de ma carrière, une riche industrielle de Saint-Cloud, Alexandrine Feuillée-Billot, m'avait confié la surveillance de ses… 1 500 oiseaux, répartis dans plusieurs volières. Elle possédait une seconde réserve ornithologique dans la Vienne ! Devenue mon amie, elle me confia que, pendant plusieurs épreuves terribles, seule la présence de ses oiseaux – spécialement ses perroquets familiers – lui avait permis de garder confiance en la vie !

Un vieil et célèbre entomologiste, E. Le Moult, ne se séparait jamais de « Croucrou », une aimable colombe, dans son cabinet d'histoire naturelle, rue

Monge, à Paris : il affirmait que l'oiseau lui avait permis de triompher d'une maladie rare contractée en Guyane !

Au centre de gériatrie Roguet, à Clichy, comme à l'hôpital Paul-Brousse à Villejuif, des volières abritent tourterelles et pigeons, qui ont un effet calmant sur les pensionnaires.

IX

L'arche de Noé

On peut créditer d'action positive, dans le domaine de la santé, des animaux familiers – mais aussi des spécimens beaucoup plus rares. Je pense au rat de Gambie, déjà utilisé, après dressage, pour dépister les mines antipersonnel (sa faible masse, moins de 2 kg, permet de les localiser sans les faire exploser). Voici ce qu'écrit mon confrère, François Moutou, dans son livre[35] :

« Ce rat géant (*cricetomys gambiances*) a un bel avenir dans la recherche : son flair exceptionnel lui permet de repérer plus rapidement qu'un technicien de laboratoire les germes de la tuberculose dans un crachat. Il pourrait donc participer à des campagnes

35. *La Vengeance de la civette masquée,* (ouvrage couronné par le Prix Jean Dorst, décerné par l'Académie vétérinaire de France en 2007).

de dépistage de la maladie chez l'homme dans des conditions économiques. »

Les rats renifleurs sont utilisés au Mozambique, où la guerre civile a laissé plus de 500 000 mines.

Récemment, un professeur de biochimie de l'université Mount Allison (Canada) a affirmé avoir synthétisé une protéine extraite du venin de la musaraigne, un petit rongeur qui paralyse ses proies, des insectes, avant de les dévorer. Appelé « soricidine », ce produit (actuellement en expérimentation) aurait des effets positifs dans le traitement des migraines et des maladies neuromusculaires. Son « inventeur » affirme qu'il peut aussi remplacer le Botox en injection antirides.

En 1997, des chercheurs de la Johns Hopkins University of Medicine (Baltimore, Maryland) utilisèrent des souris chez qui le gène responsable de la fabrication de la protéine myostatine (qui ralentit le développement musculaire) avait été détruit. Ces souris développaient des muscles deux fois plus volumineux que la normale. Les chercheurs produisirent une molécule soluble nommée « activine », qui pourra être utilisée pour traiter la dystrophie de Duchenne (maladie générique qui atteint 1 garçon sur 3 000). Chez ces malades, les muscles dégénèrent en raison d'une défection du gène responsable de la fabrication de dystrophie.

Avec deux injections par semaine, Lee a noté une augmentation des masses musculaires de 61 %, ce qui laisse entrevoir un immense espoir.

Même le vampire !

La rectopanbiline, utilisée couramment pour combattre la constipation, est extraite de la bile de bœuf. Les anticoagulants d'origine animale sont nombreux. Depuis 1987, on utilise le lait de brebis transgénique synthétisant de l'antitrypsine, enzyme utilisé pour soulager les personnes atteintes d'emphysème ou de cirrhose du foie. Des chèvres transgéniques sécrètent un lait riche en anticoagulants, antithrombines et lactoferrine, protéine fixatrice du fer. Et on connaît l'apport du veau (péritoire) et du porc en matière de chirurgie cardiaque (remplacement de valves) surtout dans les cardiopathies congénitales (professeur Alain Carpentier). Le professeur Charles Pilet évoque dans un livre l'existence de porcs élevés en bulles stériles par l'AFSA, à Ploufragan, afin d'obtenir des xénogreffes potentielles.

Une découverte récente démontre que tout animal, même le plus rébarbatif, peut devenir un allié dans la lutte contre les maladies. Il s'agit du vampire (*desmodus rostundus*), cette chauve-souris de mauvais aloi, friande de sang humain, qui a donné naissance à la légende de Dracula. Dans sa salive, on a isolé une glycoprotéine aux vertus anticoagulantes ! Un chercheur, Rafael Apitz-Castro, a identifié la séquence d'acides aminés de cette sécrétion, et le produit qu'il a mis au point, la Draculine, actuellement en phase d'essais, rejoindra bientôt l'arsenal des anticoagulants, qui sont à la base des traitements des maladies cardiovasculaires. Et n'oublions pas que, avant d'être synthétisées, les fameuses hormones (testostérone, œstrogène, etc.) étaient extraites des organes endocriniens des mammifères.

Des mesures de sécurité

Depuis l'apparition des encéphalopathies spongiformes transmissibles par les prions, des savants sont attachés à la sécurisation des médicaments d'origine animale. C'est en particulier le cas de l'Héparine (500 millions de doses par an), extraite de muqueuses d'intestin de porc (l'origine bovine est à présent rejetée). Un test d'immunodiffusion (INRA de Clermont-Ferrand) permet d'éliminer les tissus bovins ou ovins discutables. Découverte par Joy Mac Lean en 1916, l'Héparine est utilisée pour lutter contre la formation de caillots, les thromboses, les phlébites, les complications circulatoires chez les diabétiques. Elle régularise le métabolisme des lipides et a des propriétés anti-inflammatoires et même anticancéreuses. En 2000, les ventes d'Héparine ont atteint 1,8 milliard de dollars.

X

Sacrifiés à la santé de l'homme !

Chaque année, dans l'Union européenne, plus de 12 millions d'animaux (plus de 2 millions pour le seul Hexagone) sont sacrifiés dans les centres de recherches et certains laboratoires au nom de la santé des hommes.

Devant la monstruosité de ces chiffres, je suis, comme beaucoup d'amis des bêtes, un partisan inconditionnel de l'adoption des méthodes alternatives, dites de substitution : à l'image de mon confrère et ami Charles Pilet (membre de l'Académie des sciences), je me félicite de la généralisation des cultures cellulaires utilisées désormais pour la production des vaccins contre la poliomyélite ; ce qui évite le recours à l'ancien usage de centaines de milliers de neurones en provenance de singes.

Chiens, chats, lapins et même petits rongeurs sont de plus en plus souvent remplacés, dans les tests de toxicité, par de minuscules crustacés d'eau douce, les daphnies et par des salamandres dont la sensibilité à la douleur est considérablement atténuée. Des robots permettent aujourd'hui d'étudier simultanément des milliers de molécules et de repérer *in vivo* les plus intéressantes.

Sur 100 000 molécules ciblées comme nouveaux médicaments potentiels, on n'en retient en général qu'une quinzaine pour le stade suivant des études précliniques. De même, l'imagerie par résonance magnétique nucléaire (IRMN) et les scanners permettent d'éviter le sacrifice d'un animal à chaque stade de la maladie arthrosique.

Le professeur Charles Pilet a réuni toutes ces méthodes sous le nom de « bio-Robotico-informaticopharmaceutique moderne » permettant de modéliser à volonté[36].

Tout récemment, une autre méthode élégante pour éviter les tests sur les animaux a été évoquée par Jean- Luc Goudet[37]. Il s'agit de biopuces constituées de 1 080 minuscules alvéoles contenant des cellules humaines, ce qui s'approche des conditions du tissu vivant et sur lesquelles sont disposés des enzymes du foie humain (Institut polytechnique Rensselaer Troy, État de New York).

---

36. *L'Animal médecin,* Actes Sud, 2005.
37. *Futura-Sciences,* 30 décembre 2007.

Je ne peux que me féliciter des travaux de l'institut national des sciences de la santé de l'environnement (NIEHS) et de l'institut national de recherche du génome humain (NHGRI) qui visent à supprimer presque totalement les scandaleux essais sur les animaux.

La lecture attentive de *Sciences enjeux santé* m'a permis par ailleurs de connaître l'existence de tests alternatifs et de réaliser combien les modèles animaux fournissent la recherche (Scientific American, 1993, 269 : 81-82). Le professeur J.-F. Nonbunn y souligne le fondement de la démarche éthique appliquée à l'expérimentation animale : réduire, raffiner, remplacer les modèles animaux. On y trouve en détail le programme Valifox[38]destiné à remplacer le test de toxicité effectué sur les animaux.

Proanima, qui publie cette revue, évalue à plus de 500 000 le nombre d'oiseaux utilisés dans la seule union européenne pour des expérimentations (dindes, cailles, pigeons, canards, moineaux, etc.).

---

38. Pour plus d'informations sur Valifox, écrivez à Proanima (contact@proanima.fr ou 34, rue Blanche - 75009 Paris). Le concept technique est également décrit sur le site www.novaleads.com.

XI

Les sources animales de l'homéopathie

«Il n'y a qu'une seule chose à faire, se refaire.
Ce n'est pas simple.»
Paul Valéry.

La médecine homéopathique, prônée par certains, critiquée par d'autres, se différencie de la médecine classique (ou allopathique) par le fait qu'elle recherche la guérison à l'aide de remèdes provoquant les mêmes symptômes que ceux de la maladie (principe de similitude). Alors que la médecine traditionnelle essaie, elle, d'obtenir un effet contraire. Aux détracteurs de l'homéopathie, je conseille la lecture d'un rapport récemment publié par K. Linde et W. Jonas, dirigeants du National Institute of Health des USA. Ils ont examiné 186 études cliniques portant sur la thérapeutique homéopathique. Parmi ceux-ci, 89 concernent des traitements exclusivement homéopathiques. La conclusion de ce travail exclut que les « effets cliniques de l'homéopathie soient dus à un effet placebo », comme le prétendent les adversaires de cette médecine. La médecine homéopathique doit beaucoup à nos amies les bêtes : une partie importante des préparations qu'elle utilise provient, comme on va le constater, du monde animal.

L'homéopathie a été inventée par un médecin allemand, Samuel Hahnemann. « Pour guérir une maladie, il faut administrer un remède qui donnerait au malade, s'il était bien portant, les symptômes de la maladie dont il souffre », écrivit-il vers 1810. Il fit l'objet de violentes critiques, mais souleva aussi l'enthousiasme de disciples. L'un d'eux, Constantin Hering, découvrit les vertus du venin mortel d'un serpent crotale redoutable d'Amérique du Sud, le surucucu (ou lachesis), dont les dilutions sont toujours utilisées par les homéopathes. On trouvera, à la fin de ce chapitre, les biographies résumées de ces deux médecins précurseurs et inspirés pour qui j'éprouve toujours une énorme admiration.

À l'âge de 15 ans, je fus atteint par un violent impétigo au visage : croûtes jaunâtres, pustules, etc. Un drame pour un adolescent sportif, attentif à son image. Un médecin prescrivit des badigeonnages à l'éosine, sans effet ; un autre des applications douloureuses de nitrate d'argent. Sans plus d'effet. Après un mois de souffrances et de dépression, un ami me conduisit chez un homéopathe éminent, le docteur

Louis Boriane. Il arrêta tout traitement au profit de minuscules pilules blanches à avaler quatre fois par jour. En moins de deux semaines, j'étais guéri. J'appris plus tard que le Lachesis, extrait du venin de crotale, avait fait partie de la prescription. En médecine homéopathique, les remèdes sont exclusivement expérimentés sur l'homme, devenu « cobaye » ce qui, à mes yeux, présente le grand avantage de supprimer l'expérimentation sur les animaux – le scandale de la vivisection. L'homme au service de l'homme, et des animaux – juste retour des choses et revanche méritée pour les innombrables victimes innocentes, immolées sur le sacro-saint autel de la Science, avec un « S » terriblement majuscule !

Ces pensées m'animaient toujours quand j'intégrai l'école vétérinaire de Maisons-Alfort – et elles se renforcèrent quand je découvris qu'elles étaient celles de mon maître en chirurgie, qui allait devenir mon meilleur ami, Roger Bordet. Comme moi, il était convaincu de l'intérêt et de l'efficacité de cette « médecine de l'infinitésimal ». Je me plongeai dans les ouvrages des spécialistes, à la recherche d'expériences, de renseignements supplémentaires. C'est alors que je fus victime d'une sérieuse intoxication au gaz dans ma « piaule » d'étudiant à Paris, que je partageai avec mon ami, qui l'est toujours, l'excellent peintre Georges Cotos : malaises, vomissements, maux de tête me harcelaient. Comme à l'époque de l'impétigo, je me tournai vers Louis Boriane ; il me prescrivit – comme huit ans auparavant – différents produits dont le fameux Lachesis 9 CH, et je guéris rapidement. Je décidai alors de me spécialiser dans l'homéopathie vétérinaire – et je découvris le grand apport des animaux dans le riche arsenal homéopathique. Cette expérience fut pour moi une révélation d'autant plus puissante qu'elle intervenait en pleine phase ésotérique, quasi mystique de ma vie. J'avais adopté un régime « végétalien », fréquentant les plages naturistes, pratiquant le hatha-yoga, interrogeant les textes des théosophes et du spirite Allan Kardec, défenseurs de la réincarnation.

Les teintures mères

Les souches d'origine animale utilisées par les homéopathes sont obtenues de différentes façons : à partir d'animaux entiers, desséchés (exemples : l'abeille, la fourmi rouge, la cantharide, la cochenille), ou de parties d'animaux (venin des serpents, ambre gris du cachalot, musc du mouflon, par exemple). Les souches sont constituées par les « teintures mères », obtenues par macération dans de l'alcool. Pour certaines substances, la préparation est effectuée par triturations successives (corail rouge ou coquille d'huître). Les venins des serpents sont fournis aux instituts spécialisés sous forme de produits cristallisés, desséchés sous vide et à basse température ; les traitements en laboratoire obéissent à des règles rigoureuses.

L'homéopathie fait appel à toutes les espèces animales sans exception : depuis la vache, le chien, le chevreuil, les serpents, les lézards, jusqu'aux plus petits insectes – les acariens –, en passant par d'innombrables organismes marins. On ne s'étonnera pas de trouver dans la pharmacopée homéopathique le castor, le cachalot, les araignées, le homard bleu, la méduse, ou la seiche (*sepia*).

Il ne peut être question, ici, de passer en revue toutes les substances homéopathiques d'origine animale. Ce livre n'y suffirait pas. J'ai donc sélectionné quelques médicaments dont j'ai personnellement, au fil de ma carrière, testé l'efficacité.

- *Lac defloratum*. Extrait du lait de vache écrémé. Un remède efficace contre les migraines rebelles – en particulier chez les patients qui ne supportent pas le lait. Utilisé aussi chez les nourrissons, et chez certains adultes hépatiques ou cardiaques.
- *Lac caninum*. Lait de chienne. Grossesse nerveuse, douleurs ovariennes, syndromes prémenstruels.
- *Moschus*. Vient d'une glande qu'une variété de petit chevreuil, le chevrotain, porte sous le ventre. Le musc (utilisé aussi en parfumerie) a été étudié par Hahnemann pour ses effets calmants, en particulier sur l'hystérie. Une variété est prélevée dans les glandes anales de la mouflette (ou skuns) d'Amérique du Nord (*mephitis*). Calme la toux, combat rhumatismes et douleurs névralgiques.
- *Castoreum*. Sécrétion recueillie dans les glandes anales du castor. Guérit les troubles convulsifs, et les spasmes, surtout chez les femmes.

Nos amis les serpents

Il n'existe qu'un seul mode d'obtention du venin de serpent : on fait mordre à plusieurs reprises par l'animal laissé à jeun, une règle plate en verre, sur laquelle les crochets déposent le venin. On le mélange à une quantité convenable de sucre de lait afin de réaliser une préparation dite « au centième ». De très nombreux venins sont utilisés en homéopathie, en général obtenus auprès d'animaux extrêmement dangereux, dont la morsure est fatale.

- Le surucucu, ou crotale d'Amazonie, dont le venin a été expérimenté pour la première fois par Constantin Hering. Son venin provoque sur la victime une action sanguine intense : des hémorragies par tous les orifices du corps, une véritable décomposition du sang – une action toxique sur le foie provoquant un grand ictère hémorragique. C'est le vipéridé dont l'action combinée sur le foie et le sang est la plus intense.
- La dilution de Lachesis tirée de son venin est, bien sûr, utilisée à des doses infinitésimales. Il paraît que Hering l'a expérimentée, vers 1828, au prix d'atroces souffrances au Surinam. Notons qu'il avait ramené quelques gouttes seulement de ce venin – et qu'à partir de cette souche minimale furent préparées toutes les dilutions homéopathiques de *Lachesis mutus* jusqu'en 1868 !

Le docteur Kent, homéopathe américain, a écrit : « Lachesis semble convenir à l'humanité tout entière. » C'est un neurotoxique puissant, qui affecte la sphère cérébro-spinale et les organes sensoriels, guérit aussi la fièvre jaune, la fièvre puerpérale, et un grand nombre d'autres affections.

- *Naja tripudians* (ou cobra capel). C'est le serpent des charmeurs africains. Sa morsure est mortelle, neurotoxique, peu douloureuse.
  Indications : maladies cardiaques, douleur des règles, angoisse, asthme.
- *Cenchris contortrix*. Voisin du crotale. Ce vipéridé, connu également sous le nom d'agkistrodon, vit en Amérique du Nord sous le nom de serpent à tête cuivrée. Il est très redouté. Sa dilution est proche du *Lachesis*, et ses indications sont à peu près les mêmes.
- *Crotalus cascavella*. Serpent brésilien à tête de chien. Soigne les insomnies, les hallucinations auditives et visuelles en rêves peuplés de cadavres (docteur Pierre Barbier).
- *Elaps corallinus* (ou serpent corail des Amériques). Son venin soigne les douleurs intenses de la tête, les suppurations intenses des oreilles, les vomissements bilieux, la diarrhée, les bourdonnements d'oreilles.
- *Crotalus horridus* (serpent à sonnettes dont la queue, porteuse d'écailles mobiles produit un son strident). Indiqué dans toutes les infections malignes, septicémiques et hémorragiques. Actif dans les affections graves du foie (ictères).

Le docteur Chaffee a raconté, dans les *Homeopathic News*, le cas d'un homme mordu par un crotale, qu'il eut l'occasion de soigner :

« Je fus appelé au chevet de James Wright, homme de 54 ans, qui, en liant des gerbes de blé, avait été mordu par un crotale. Je le vis, saignant non seulement du doigt mordu, mais aussi des yeux, du nez, des oreilles, de la bouche, de l'urètre et du rectum. Pouls petit comme un fil à 110, quarante respirations à la minute, température 105° Fahrenheit (40,6 °C), expression hagarde, tout le corps baigné d'une sueur chaude et du délire. Le malade avait reçu l'habituel traitement au whisky, quinine et carbonate d'ammoniaque pendant quatre jours. Il présentait le curieux symptôme d'une haleine à odeur intense de moisissure, une langue scarlatineuse et une déglutition très difficile ; il avait une grande hypersensibilité de la moitié droite du corps, telle que le moindre contact provoquait des contractions musculaires de ce côté. Je lui donnai Crotalus 30e, trente granules dans un verre d'eau, à prendre par cuillère à soupe toutes les heures. Quand je vins le revoir le lendemain, je le trouvai considérablement amélioré : la température était normale, le pouls plein et régulier, et le délire avait cessé. La salive et l'urine n'étaient plus que fort peu teintées de sang, l'appétit revenait. Le remède fut continué pendant deux jours, après lesquels il fut complètement guéri. »

- *Bothrops lanceolatus* (ou vipère fer-de-lance d'Amérique du Sud), jararacussu au Brésil qui tue 100 personnes par an à la Martinique. Son venin possède une action très coagulante, utilisé dans les nécroses osseuses, hémiplégies, hémorragies de Paratine.

- Les lézards. Des lézards ont une salive paralysante et venimeuse (lézard *heloderma horridus* du Mexique – connu sous le nom de gila ou même notre lézard commun des murailles, *lacerta*). Les dilutions de *heloderma* ont été utilisées dès 1893 contre les paralysies du type parkinsonien et les maladies des muscles en général. Le lézard familier des murailles a donné naissance à une dilution utilisée dans des cas d'hypersalivation, ou de vésicules au niveau de la bouche.

Les insectes en homéopathie

Du monde des insectes, les homéopathes tirent de très nombreux produits – et cette catégorie de dilutions ne cesse de s'enrichir. Voici quelques exemples :

- Les abeilles. Elles sont, cette fois encore, au premier rang. Utilisées par les guérisseurs depuis le Moyen Âge, les abeilles offrent une grande quantité de produits aux homéopathes. Le médecin new-yorkais Many recueillit, vers 1850, dans une tribu indienne du centre de l'Amérique, un secret de sorcier à base d'abeilles calcinées – dont il fit un grand usage. De nos jours, les dilutions homéopathiques sont extraites de l'abeille totale, ou de la partie postérieure de l'insecte, celle qui contient la glande à venin (*apium virus*). J'ai constaté personnellement son efficacité dans les cas d'œdème, de trouble des reins, de rhumatismes. Historiquement, c'était le remède utilisé contre les morsures de vipères, ou même les piqûres de guêpes. Son nom : *apis mellifica*.

- La mouche cantharide (ou mouche espagnole). Ce coléoptère vert bronze brillant mesure une quinzaine de millimètres. L'insecte entier est desséché et trituré suivant les règles. Au-delà de sa réputation en médecine classique d'aphrodisiaque, il est utilisé en homéopathie pour traiter les inflammations des voies génito-urinaires et, dans certains cas, les inflammations des poumons. Cantharis est un remède des dermatoses vésiculeuses brûlantes.
- La fourmi rouge (originaire d'Amérique) donne le *formica rufa*, utilisé dans les troubles du métabolisme, les maladies de la nutrition, l'eczéma, la cystite.
- La chenille processionnaire du pin (asthme, allergies) connue en matière médicale sous le nom *thaume-topaea processionnanea*.
- La cochenille du Mexique (*coccus cacti*). On en extrait le carmin, remède contre la toux, les troubles pulmonaires – et certains cas d'insuffisance rénale.
- La coccinelle à sept points (*coccinella*).

- Le frelon (*vespa crabo*) soigne les éruptions cutanées.
- La punaise des lits (*cimex lectularius*), déjà évoquée par Dioscoride, médecin grec de l'Antiquité, soigne les fièvres et les inflammations des muqueuses.
- La puce (*pulex irritans*) : à la base d'une dilution utilisée dans les maladies de peau, profite aux sujets irritables, ou particulièrement frileux.
- La *blatta orientalis* est indiquée dans les crises d'asthme et bronches encombrées.
- Le doryphore (*leptinotarsa*).
- Et même le très gênant et minuscule acarien (*dermatophagoïde pteronyssimus*). Locataire des literies et générateur d'allergies ; la dilution qu'on en tire est utilisée contre les troubles allergiques, précisément ceux dus à la poussière, et l'asthme en général. L'acarien rouge (ou aoûtat), appelé aussi *trombidium*, soigne diarrhées, flatulences et, en général, les affections du foie.
- *Psorinum* est actif sur les sujets présentant un état d'intoxication lent et chronique, malnutrition, frilosité excessive, éruptions chroniques sur la peau. Dans les cas d'asthme survenant à la suite d'une éruption supprimée. Coryza chronique.
- Le mille-pattes (*scolopendrum officinale*), le cloporte (*oniscus asclus*) et la limace (*limaxater varioempiricum*) sont également actifs en dilution, tout comme le ver de terre (*lumbricus*).

Les araignées

De nombreuses dilutions homéopathiques sont extraites des araignées, de la mygale ou veuve noire de Cuba, *tarentula cubensis*, (brûlures, furoncles), de la tarentule d'Espagne, *tarentula hispana*, (agitation maladive, hystérie, cleptomanie), de l'araignée des orangers de Curaçao, *theridion curassavicum*, (hyper agitation). Une dilution de scorpion, le *latrodectus mactans*, a des nombreux pouvoirs de guérison, antibactériens, anti-inflammatoire.

Les ressources homéopathiques de la mer

Comme en médecine classique, les créatures marines constituent, pour les homéopathes, une réserve immense, généreuse, diversifiée. Cette fois encore, je ne vous infligerai pas la lecture d'une nomenclature fastidieuse, d'autant que de nombreuses créatures que j'évoque figurent aussi dans le chapitre général consacré à la mer.

Je me contente d'un tour d'horizon – simmergé – en signalant les espèces marines le plus souvent utilisées par les homéopathes, en accordant un intérêt particulier à deux créatures qu'on ne s'attend sans doute pas à voir apparaître dans ce tableau d'honneur marin de l'homéopathie :

- Le cachalot. Sa sécrétion abdominale, connue sous le nom d'ambre gris, a donné naissance à un calmant efficace (angoisses, troubles nerveux) : l'*ambra grisea*.

- L'anguille. Le sérum d'anguille d'eau douce, prélevé dans l'aorte et dilué dans la glycérine, en 3CH purge le foie, diminue le taux d'urée, soigne l'insuffisance rénale et les néphrites.

Parmi les « vedettes sous-marines » de l'homéopathie :

- La seiche : son encre, ou *sepia*, est utilisée dans les troubles prémenstruels, la migraine, les affections urinaires de la femme, les malaises de la ménopause, et les dépressions qu'ils engendrent.
- L'huître. La couche moyenne de la coquille contient, outre du carbonate de calcium, de nombreux oligo-éléments, et une trame protéique avec de nombreux acides aminés. *Calcarea ostreica* et *calcarea carbonica* sont utiles dans des cas d'anémie, de faiblesse, de convalescence difficile, de rachitisme, d'ostéoporose.
- La nacre. D'un coquillage (*conchiolinum*), on tire un produit actif en cas de retard de croissance ou de difficulté d'ossification (après opération, en particulier).
- La méduse ou *physalix*.
- Le corail blanc ou rouge (*coralium album* et *rubrum*), y compris le « corail de feu » du Pacifique : *millepora*. Les homéopathes l'utilisent en dilution efficace dans les affections pulmonaires, les toux spasmodiques, et pour soigner les sujets nerveux enclins aux crises.

- *Le murex purpurea*. Coquillage de Méditerranée, utilisé contre les règles hémorragiques et les troubles utérins.
- L'étoile de mer (*asterias rubens*), qui améliore certains troubles de la femme et les douleurs du sein (ce qui n'exclut en aucun cas le recours à la mammographie).
- La vive (*trachinus*). Petit poisson dont les nageoires épineuses sont venimeuses. Troubles nerveux.
- Certaines éponges, comme la *badiaga* (éponge d'eau douce), sont utilisées contre la cellulite, les rhumatismes, la toux spasmodique, la conjonctivite. Une rare éponge de mer (*spongia tosta*), torrégiée, est prescrite en cas de laryngite, de ganglions, d'anxiété.
- Le *limulus*. L'arthropode fossile dont nous avons parlé, vivant sur les côtes du Pacifique, soigne l'urticaire prurigineuse, les crampes intestinales et les diarrhées.

Samuel Hahnemann : le père de l'homéopathie

Samuel Hahnemann, l'inventeur de l'homéopathie, est né en Allemagne non loin de Dresde, en 1755, Louis XV régnant alors en France. Son père est peintre sur porcelaine. À 19 ans, il entre, malgré ses origines modestes, à l'université de Leipzig – où il étudie la médecine, tout en accomplissant, pour payer ses études, des travaux de traduction. Pour gagner Vienne et l'hôpital des Frères de la Miséricorde, il s'engage comme matelot sur un bateau du Danube ! Diplômé après avoir présenté une thèse sur les affections spasmodiques, il est recruté par le gouverneur de Transylvanie – la patrie de Nosferatu, le vampire – mais cette situation confortable ne le satisfait pas : en 1779, il a 24 ans, il décide de s'intéresser aux « maladies de l'âme », et devient médecin d'une « maison de fous ». À cette époque, la médecine, encore moyenâgeuse, repose sur les saignées, les purges et les remèdes d'apothicaires. Les malades mentaux, enfermés dans des cages, sont méthodiquement maltraités par les gardiens. Samuel Hahnemann prend conscience des limites de ces pratiques, et de leur cruauté. Il est frappé, aussi, par l'absence d'observation clinique, et l'ignorance des apothicaires. Il épouse une jeune fille de 17 ans – qui lui donnera onze enfants. Il se lance dans l'étude de la chimie et devient médecin de campagne. Puis il se retrouve à l'hôpital, à Leipzig – sans avoir découvert de réponse aux questions qui le hantent : on ne guérit pas les malades – on les aide à mourir. Et on cherche à leur soutirer de l'argent. En désespoir de cause, il renonce à exercer une médecine qu'il juge immorale. Pour vivre, il reprend son activité de traducteur !

C'est en traduisant en allemand l'ouvrage du médecin écossais Cullen qu'il entrevoit une lueur dans ce paysage désespérant : Cullen développe les vertus du « quinquina ». Hahnemann connaît ce remède – alors à la mode – et le tient pour un poison violent ! Il pense soudain que pour juger de la valeur d'un produit, il faut en étudier les effets sur un sujet sain. Et c'est sur lui-même qu'il réalise l'expérience. Surprise : il voit apparaître les mêmes symptômes que ceux que le quinquina est supposé guérir ! C'est la réponse qu'il cherche depuis longtemps : la loi de similitude : les semblables sont guéris par leurs semblables. Il n'y a pas de maladies, il n'y a que des malades. Loi qui deviendra le fondement de l'homéopathie.

Peu après, ayant multiplié les expériences, il écrit : « Toute substance qui détermine des manifestations sur un sujet sain peut faire disparaître des manifestations analogues chez un malade. »

Et dans la même lignée :

« Pour guérir une maladie, on doit administrer au malade un remède qui lui donnerait, s'il était bien portant, la maladie qui l'atteint. »

En 1810, il développe ses idées dans un ouvrage *Organon de médecine rationnelle* qui lui vaut de vives critiques. La polémique commence – qui ne s'est pas éteinte aujourd'hui !

En guérissant, en 1812, des soldats de Napoléon en retraite atteints du typhus et du choléra, il croit avoir imposé ses idées – d'autant qu'à l'époque on est impuissant devant ces maladies. Mais les médecins traditionnels ne désarment pas – et Hahnemann, déçu, découragé, se retire dans une petite ville d'Allemagne. Il prépare un second livre afin, écrit-il, « que ses observations et ses conseils ne tombent pas dans l'oubli ». Sa femme meurt. Peu après, une jeune patiente, française, atteinte de phtisie se présente. Il la guérit. Elle s'appelle Mélanie d'Hervilly, elle a 30 ans, lui près de 80. Ils se marient ! Elle l'emmène à Paris « où les esprits sont plus ouverts », dit-elle. Mais l'Académie de médecine lui déclare la guerre et sans l'appui du ministre Guizot, convaincu, il aurait cessé d'exercer. Il soigne (et souvent guérit) tous ceux qui se présentent chez lui le matin, rue des Saint-Pères, à Saint-Germain-des-Prés, puis rue Madame – enfin à Montmartre. L'après-midi, il visite les malades démunis. La nuit, il écrit, jusqu'au 2 juillet 1843, où la mort l'emporte, à 88 ans. Il est enterré au Père-Lachaise, au côté de sa femme. Seules quatre personnes suivirent son enterrement. Aujourd'hui, le seul monument célébrant sa mémoire se trouve à Scott Circle, Washington DC. Je m'y suis rendu en pèlerinage.

Constantin Hering
Il introduisit l'homéopathie en Amérique

Parmi les disciples qui ont connu Samuel Hahnemann, il en est un dont la vie m'a passionné – peut-être parce qu'elle éveille en moi les échos de mes désirs d'adolescents, de mes enthousiasmes de jeunesse. Contantin Hering est né, comme son maître, en Allemagne, près de cinquante ans après lui (en 1800). Il fait ses études à Dresde, étudie à Leipzig auprès d'un ancien chirurgien de Napoléon Ier, le professeur Robbi, qui lui demande de rédiger un livre attaquant et ridiculisant la thérapeutique proposée par Hahnemann ! En réalité, Hering est fasciné par ce qu'il est chargé de détruire. Il rejoint Hahnemann, se met à appliquer avec succès ses principes – et est exclu de l'université.

En 1826, devenu quand même docteur en médecine, il brave les facultés en présentant une thèse *Medicina futura*, une défense enthousiaste d'Hahnemann. Mis au ban de la médecine, il part l'année suivante, avec le naturaliste Karl Weinhold en Amérique du Sud, chargé d'une mission zoologique et botanique. Sur place, près de Paramaribo, au Surinam, il pratique la médecine homéopathique – et il expérimente Lachesis, le venin du « Maître de la brousse », le crotale à la morsure mortelle. Le docteur Clarke a raconté comment Hering recueillit le venin pour la première fois : « Ce fut en Haute-Amazonie. Il promit aux indigènes une grosse récompense s'ils réussissaient à capturer et à lui amener un surucucu vivant ! Malgré le risque, des chasseurs réussirent à emprisonner dans une cage en bambou un serpent de plus de 2 m, brun rouge, tacheté de dessins noirs et verts. À peine la cage déposée, et la récompense reçue, les indigènes s'enfuirent, épouvantés. Hering ayant assommé le serpent réussit à extraire le contenu de la glande à venin qu'il déposa dans du sucre de lait, le lactose (qu'on retrouve dans toutes les pilules homéopathiques). Sous les yeux de sa femme, il commença à réaliser des triturations, mais soudain, perdit conscience ; quand il se réveilla, il n'avait aucun souvenir de ce qu'il avait fait ! Il nota ces symptômes, qui constituent la première expérimentation écrite du Lachesis. Quand ils revinrent, le lendemain, les chasseurs furent stupéfaits de le trouver vivant ! »

Au terme d'un séjour de six ans sous les tropiques, Hering s'embarqua vers le nord. Son navire longeait les côtes de Pennsylvanie lorsqu'il fit naufrage. Il s'installa à Philadelphie où il pratiqua la médecine homéopathique pendant près d'un demi-siècle. Jusqu'en 1843, il correspondit avec son maître Hahnemann. Il créa la première académie homéopathique du continent américain (Homeopatic Medical College of Pennsylvania) à Allentown avec son compatriote Wesselhoft, l'ami de Goethe. Il contribua à la création de l'American Institute of Homeopathy, encore actif de nos jours, et publia de nombreux ouvrages sur l'homéopathie dont *Guiding Symptoms* en dix volumes.

Le docteur Kent et son Répertoire homéopathique

James Tyler Kent (1849-1916) devait apprendre la médecine dans une de ces écoles à l'Eclectic Medical Institute de Cincinnati, dans l'Ohio. Il en retint des notions superficielles d'homéopathie et devint, à 28 ans, professeur d'anatomie à l'American College de Saint-Louis. La guérison de sa femme par un médecin homéopathe, le docteur Phelan, l'incita à approfondir la question. Professeur d'anatomie, puis de chirurgie à l'Homeopathic Medical College du Missouri, il obtint la chaire de matière médicale après la mort du titulaire. Doyen des professeurs de l'Homeopathic School de Philadelphie, il professa ensuite à Chicago, au Dunham Medical College. À l'apogée de sa carrière, à 56 ans, professeur et doyen du Hering Medical College à Chicago, il donnait aussi des cours au Hahnemann Medical College de la même ville et dirigeait une polyclinique.

Ses conférences de « matière médicale homéopathique » sont justement célèbres. Son *Répertoire homéopathique* comprenant 1 423 pages de symptômes soigneusement décrits, d'après la riche expérience accumulée par l'école américaine est toujours réédité par Janin Pub à New Delhi. C'est un livre irremplaçable.

Deuxième partie

L'animal facteur d'équilibre, de bien-être et de bonheur

XII

Médecins de l'âme

Nos amies les bêtes, nous l'avons démontré, nous aident à combattre la maladie et la souffrance à travers les molécules, les peptides, les acides aminés, certains alcaloïdes, les cellules souches, etc., que nous recueillons ou synthétisons. Mais leur aide ne se limite pas à cette contribution biochimique. Elle va beaucoup plus loin.

Jusqu'à ceux et celles qui affrontent les plus douloureux problèmes de la vie : solitude, handicaps, troubles de l'esprit ou atteintes de l'âge ! Cette fois, c'est à leurs étonnantes capacités d'adaptation, leur intuition, et leur immense potentiel de dévouement et d'amour que nous faisons appel.

Au cours de cinquante ans de vie professionnelle et de fréquentation quotidienne de nos compagnons de tendresse – je ne saurais vivre sans les bêtes –, elles ne m'ont jamais déçu ! J'éprouve même une méfiance instinctive et viscérale à l'égard de ceux qui n'aiment pas les animaux. Je pense, tout comme Françoise Parturier, « qu'il leur manque ce plus intérieur, un supplément de vie, comme un luxe de l'âme ».

Cette extrême réserve n'a d'égale que ce que m'inspirent ceux qui détestent les enfants ou un peu moins ceux qui boudent la musique.

« Innocents parmi les innocents, les animaux apportent à notre condition humaine une fraîcheur, une pureté, une simplicité, une générosité, une tendresse que nous ne trouvons pas toujours dans nos relations avec les autres », affirmait J.-P. Hutin, fondateur de 30 millions d'Amis.

J'ai pu apprécier combien la présence d'un chien, d'un chat, d'un canari pouvait induire de réconfort, de bien-être, voire de sérénité chez les retraités ou les personnes âgées parfois victimes de la solitude. L'animal aide à supporter la maladie, à traverser les épreuves et les épisodes de dépression ou de tristesse. Nos compagnons à quatre pattes ou à deux ailes atténuent le stress, apaisent les crises de mélancolie et les troubles d'humeur. Leur présence facilite l'envie de communiquer et diminue l'anxiété et les angoisses, ce sont de véritables « consolateurs » biologiques.

L'animal de compagnie fait partie de la vie de la majorité de nos concitoyens : la France est, au monde, un des pays où l'on compte le plus grand nombre d'animaux domestiques : 9 millions de chiens, 8,1 millions de chats, 7 millions d'oiseaux...

Plus d'un foyer sur deux abrite un animal[39] ! Et les liens qui unissent ces animaux à leurs propriétaires, adultes ou enfants, sont souvent exceptionnels. Au cours de ma carrière, il m'a été donné d'en faire l'expérience, mettant à jour, entre l'animal qu'on me demandait de soigner, ou de sauver, et celui qui me faisait cette demande, un attachement profond, un véritable amour. Il était évident qu'à travers cette symbiose s'était établie une forme d'équilibre sentimental : l'animal était garant du bonheur de l'homme, de la femme ou de l'enfant ! Dans le même temps, je découvris que l'animal dépositaire de cet équilibre était aussi, dans de nombreux cas, en mesure de le protéger, et même de le reconstruire après un choc dévastateur.

Un chien, un chat, un cheval, un oiseau, un dauphin peuvent rendre confiance à un humain désemparé, malade, voire désespéré. J'ai été témoin d'étonnants phénomènes : un enfant autiste (qui refuse tout contact avec l'extérieur) reprend confiance dans le monde par l'intermédiaire d'un cheval ; un trisomique sort de son accablement en nageant avec un dauphin, ou grâce à des animaux de la ferme ; un grand malade mental se calme en présence d'un chien ; une personne atteinte de la maladie d'Alzheimer retrouve une partie de sa mémoire par l'entremise d'un chien, ou d'un chat ! En milieu hospitalier, dans les maisons de retraite comme dans les établissements où sont soignés des

39. www.animal-attitude.fr.

jeunes arrachés à la drogue ou victimes de troubles du comportement, les animaux apportent désormais une aide précieuse aux soignants et aux éducateurs.

Les enfants d'abord

L'animal devient vite un interlocuteur privilégié et son approche déclenche un processus dynamique et stimulant chez l'enfant.

Au-delà du désir de caresser la fourrure, de jouer et de toucher, l'enfant recherche le regard du chien, devine et interprète tous les sentiments qu'il veut exprimer : colère, attente, résignation, joie, désirs...

Le chien est disponible, il a le temps et la patience d'écouter le petit de l'homme qui aime à discourir pendant des heures ; tout comme lui, il adore jouer.

Voici pourquoi l'école, loin de se limiter à la répression, doit instituer et développer le respect de l'animal.

Tout acte de cruauté à l'égard d'un animal devra être condamné énergiquement par les parents et par les maîtres.

À 18 mois, la communication entre le chien et le petit enfant sera pratiquement verbale et privilégiera la participation du corps. L'enfant s'exprime par des gestes, des attitudes, le toucher et l'olfaction.

Le professeur Montagnier met en évidence, dans ses travaux, l'importance de ces relations dans le développement ultérieur de l'enfant. Il suppose qu'elles lui sont nécessaires, surtout si l'enfant est unique ou que ses frères et sœurs sont déjà grands.

C'est vers les années 1960 que mon regretté ami, le professeur Ange Condoret, se pencha sur l'aide que les animaux pouvaient apporter aux enfants inadaptés.

À peu près à la même époque, Boris Levinson, professeur de psychologie à la Yeshiva University de New York, publia l'histoire de Jingles, l'épagneul qu'il venait d'adopter. Le matin même de l'adoption, des parents traumatisés lui avaient demandé une consultation d'urgence espérant éviter à leur fils Johnny un internement dans une clinique pour psychotiques. Au cours de l'entrevue, Boris Levinson remarque que l'enfant, muet, au regard fuyant et au comportement indifférent, est attiré par Jingles, le caresse, joue avec lui… et prononce quelques mots ! À la fin de l'entretien, Johnny demande quand il pourra revenir jouer avec Jingles ! Le psychologue, surpris, va donc répéter ces séances, et petit à petit pénétrer dans la relation inattendue qui s'est établie entre l'enfant et l'animal : une véritable thérapie qui aboutira à une amélioration très nette de l'état de Johnny. Et lui évitera l'internement.

De cette expérience, Levinson tire un livre *Pet Oriented Psychotherapy* (psychologie par les animaux familiers) – suivi de deux autres ouvrages. Peu après, Samuel et Elizabeth Corson, psychiatres de l'Ohio, appliquent ses idées au traitement des adultes schizophrènes avec de bons résultats : la présence d'un animal de compagnie auprès d'un malade mental, affirment-ils, diminue de 10 à 25 % la prise de médicaments psychotropes.

Le professeur Ange Condoret, qui s'est rendu chez Boris Levinson et Elizabeth Corson pour étudier leurs travaux, les prolonge en France avec le professeur Hubert Montagner[40]. Celui-ci approfondit, dans le laboratoire de l'université de Besançon, les systèmes d'interaction entre l'animal et l'enfant.

« La présence d'un animal, écrit-il, constitue un prodigieux modèle qu'aucun pédagogue ne peut remplacer. À travers lui, l'enfant découvre la naissance, le nourrissage, les jeux, l'affection, la maladie et aussi, cruelle et nécessaire leçon, la mort. »

Le professeur Montagner démontre aussi que le simple fait de caresser un lapin, un chien ou un chat abaisse le rythme cardiaque.

À partir de 1980, l'idée que l'animal peut constituer une aide pour les enfants en difficulté, ou victimes de handicaps, n'est plus contestée. Aux États-Unis s'ouvrent plusieurs fermes pour ce type de malades. La ferme de Green Chimneys (les cheminées vertes) de Samuel et Myra Ross, près de New York, devient emblématique. Elle bénéficia de l'aide de l'acteur Paul Newman, dont le fils a succombé à la drogue. Notons qu'à Green Chimneys, on recueille aussi des animaux maltraités, ou blessés – comme le hibou du sénateur Bob Kennedy – des aigles, des biches, même des lapins.

Aujourd'hui, malgré quelques critiques, personne ne conteste l'apport des animaux dans le traitement des handicaps, et des troubles psychiques en général.

---

40. *L'enfant et l'Animal,* Éditions Odile Jacob, 2007.

En France, les fermes de soins se sont multipliées (on en compte près d'une centaine), et de plus en plus souvent, les psychothérapeutes font appel aux animaux pour soigner les enfants à problèmes – et les adultes en détresse. Dans *L'Enfant et l'Animal de compagnie*[41], la docteure vétérinaire Marie-Noëlle Issautier et le docteur J. Époncet, écrivent : « Les enfants instables, hyperactifs, incapables de fixer leur attention deviennent moins turbulents, plus calmes dès que leur regard est absorbé par le spectacle de la vie animale. Des expériences pilotes, menées en Israël en 1996, d'introduction d'animaux dans les écoles, ont démontré une baisse très nette de l'agressivité entre enfants et une amélioration tout aussi nette de leur faculté d'attention. Les animaux permettent à certains enfants maladroits qui ont des troubles de coordination de mieux structurer leurs gestes. Des programmes de réinsertion thérapeutique, conduits depuis dix ans, et encore en cours, sont réalisés dans des fermes (par exemple : à Romans-sur-Isère). Des adolescents suicidaires, sous médicaments psychotropes ou neuroleptiques, entourés d'un personnel soignant compétent, réapprennent le rythme quotidien et l'importance des gestes précis, des tâches simples et régulières : comme la traite (les quarante chèvres sont traites obligatoirement biquotidiennement à heures précises), la distribution de l'alimentation, l'observation clinique et méticuleuse

41. Éditions Boiron, 2001.

de l'animal afin d'éviter l'apparition de maladies, etc. »

Tout récemment, on m'a présenté le cas d'un adolescent américain, Daniel Kelby, qui, tombé d'une fenêtre du quatrième étage, était à demi paralysé : il ne pouvait se servir de ses bras. Sa kinésithérapeute eut l'idée de lui amener des couleuvres inoffensives ; en les manipulant, il retrouva l'usage de ses mains et la coordination de ses gestes.

XIII

Tout ce que les chiens nous apportent

« Quoique mon chien n'en sache que très peu plus
que moi et que j'en sache beaucoup plus que lui,
si je savais en plus tout ce qu'il sait,
j'en saurais infiniment plus que je n'en sais. »
Paul Valéry

Chaque chien est une personnalité à part entière qui a sa dignité, qui manifeste son propre caractère, qui développe des goûts particuliers et ses émotions personnelles. Tous savent nous rendre au centuple l'affection, la compréhension et le respect que nous devons leur prodiguer.

« Il nous aime, il nous vénère comme si nous l'avions tiré du néant » ajoutait Maurice Maeterlinck.

Est-ce seulement parce qu'il nous est complémentaire et qu'il possède des facultés et des organes sensoriels infiniment plus développés que les nôtres, que l'homme a conclu avec lui un pacte d'alliance et de communion ?

Je crois plutôt que c'est parce qu'en plus, il est doté d'un sens inné et inconditionnel de l'amitié, de l'amour et de la fidélité, ces vraies valeurs que nul laboratoire n'a encore jamais pu disséquer et analyser, tout comme les prémonitions qu'ils sont capables d'avoir. Une étude suédoise récente de Kerstin Uvnäs-Moberg souligne que la seule présence d'un animal de compagnie favorise et augmente la sécrétion d'ocytocine, cette hormone de l'attachement et de l'altruisme qui favorise les interactions d'affection entre individus, mais qui facilite également le développement des relations harmonieuses homme-animal.

« Les chiens ont le pouvoir formidable de rendre à notre vie sa fertilité. Le chien dénoue l'homme noué, le désarme, le décrispe », ajoutait François Nourissier.

Le psychiatre genevois Paul Schulz, dans son ouvrage récent *Consolation par le chien*, décrit l'importance de plus en plus aigüe de « l'envahissement du monde humain par des éléments canins ou de connotation canine ».

Soignez-les, adoptez l'un d'eux, rendez-lui service ; n'ayez crainte, il ne vous en voudra pas… lui ! Bien au contraire !

Quelle que soit sa taille, votre chien s'adaptera à votre propre mode de vie, ce qu'il désire avant tout c'est votre attention, votre amour, vos bons soins.

130 ans av. J.-C., l'ecclésiaste de l'Ancien Testament proclamait : « La supériorité de l'homme sur la bête est nulle... Qui sait si le souffle des enfants de l'homme monte en haut et si l'âme des bêtes descend sous terre ? »

Depuis le congrès de Boston de 1986 sur les Activités Associant l'Animal (AAA) – un grand nombre d'études de communication et de livres ont souligné les effets bienfaisants de la cohabitation avec les animaux sur la santé tant morale que physique des heureux propriétaires de nos « bêtes de tendresse ».

Les caresses seules ne suffisent pas à expliquer les bienfaits de cette symbiose. Sachez que les promenades quotidiennes régulières de votre toutou, une demi-heure deux fois par jour, entraîne une baisse du cholestérol, une diminution de la tension artérielle, une prévention de l'obésité et du diabète, et cela quel que soit votre âge.

Dans son dernier ouvrage *Un animal et la vie est plus belle*[42], mon ami Jean-Luc Vuillemenot déclare : « La contribution de votre chien à l'entretien de votre condition physique et à son maintien peut aller loin ».

42. Ixelles, 2011.

« Il est plus facile de comprendre un chien qu'un humain, et surtout de l'aimer. Il est aisé de lire dans ses pensées, car il n'est capable ni de cacher, ni de tromper, ni de mentir. Le chien est une sorte de saint.
Il ne se prend pas pour notre esclave. Sa soumission est voulue et ne signifie pas qu'il ne tient pas à voir respecter ses droits personnels.
Il est vrai qu'il prend son maître pour un roi, presque pour un dieu. Mais s'il demande à ce "dieu" d'être sévère à l'occasion, il attend aussi de lui qu'il soit juste.
Peut-il lire dans l'esprit de son maître ? Assurément. La transmission de pensées entre l'homme et le chien l'a démontré plus d'une fois. Le chien lit donc les pensées, comprend les états d'âme et prévoit les décisions.
Ce n'est pas d'un chien particulier que nous parlons, mais *du* chien. Car tous les chiens ont certains traits communs : ils sont prêts à vous aimer ainsi qu'à être aimés de vous. Ils sont en quelque sorte l'expression la plus respectable de la Volonté divine et, peut-être, sa création la plus parfaite ».

Axel Munthe, *Le Livre de San Michele*.

Un animal bien socialisé, éduqué de façon positive et habitué tôt à certaines pratiques rapides peut aisément vous accompagner en randonnées de longue haleine, en rollers, à vélo tout terrain, avec un frisbee, ou bien encore sur un parcours de santé comportant des obstacles d'agilité. (J'ajouterais que ma chienne

Isis, berger allemand, tout comme Alice, mon setter anglais, et Ludus, mon cocker doré, m'accompagnaient chaque semaine lors de mes longues sorties équestres en forêt de Rambouillet).

Pour votre chien comme pour vous, toute activité intense exige de temps en temps un contrôle médical.

Que tout ceci ne vous empêche pas de leur parler : « Je leur raconte des histoires, leur parle d'eux-mêmes, de moi, de la pluie et du beau temps » (Brigitte Bardot).

Selon Éric Trivellin[43], les AAA (Activités Associant l'Animal) se divisent en cinq secteurs d'activités :

1 - AAA - A	Animation
2 - AAA - E	Éducatives
3 - AAA - S	Sociales
4 - AAA – T	Thérapeutiques
5 - AAA – R	Recherches

Parmi les animaux dont l'aide nous est précieuse, ce sont en effet les chiens qui possèdent le plus grand potentiel. Chacun connaît les chiens policiers, les chiens d'aveugles, les chiens sauveteurs qui retrouvent des victimes ensevelies, les détecteurs de drogues et d'explosifs. Leur odorat, leur capacité au niveau de l'éducation, leur sensibilité, leur fidélité, on

43. Cynophilie française, 4e trimestre 2011.

l'a vu, en font des auxiliaires remarquables. Il existe aussi des « chiens écouteurs » (aide aux sourds), des chiens d'assistance pour les tétraplégiques et les handicapés et des chiens visiteurs. Les chiens sont de plus en plus souvent admis dans les maisons de retraite : leur apport, comme celui d'autres animaux, est reconnu dans la lutte contre les troubles du grand âge et la maladie d'Alzheimer. Ils peuvent jouer un rôle positif en cas d'hypertension ou dans certaines maladies mentales.

Les chiens guides d'aveugles

Qui n'a jamais croisé, dans la rue, un aveugle guidé par un chien liés tous deux dans une confiance absolue ? Il y a actuellement, en France, pour 100 000 non-voyants environ, 1 200 chiens guides. Il en faudrait beaucoup plus ! La fédération des associations de chiens guides rassemble dix écoles. Il semble que les chiens guides pour aveugles existent depuis plus de trois cents ans. Mais la première initiative rationalisée remonte à la fin de la Première Guerre mondiale au profit des militaires invalides. En 1933 fut créée en Suisse, à Vevey, une école pour chiens guides, Fortunate Fields. En France, Paul Corteville inaugura dans les années 1950 le club des chiens guides de Roubaix. Son chien Dicky est considéré comme le premier chien guide national. Longtemps, on a utilisé des bergers allemands ; aujourd'hui, le berger est souvent remplacé par le labrador, parfois croisé avec le golden retriever ou le curly coated.

L'éducation d'un chien guide dure environ un an. Le chien est sélectionné selon cinq critères : il doit être sociable, équilibré, souple, gai et de bonne constitution. Il est confié à une famille d'accueil, qui, avec les conseils d'un éducateur, effectue sa prééducation : apprendre à marcher à main gauche dans tous les environnements, etc. Au bout de six mois, le chien est placé en école de chiens guides. L'ensemble prend, en gros, un an, et son coût est estimé à 15 000 euros. Depuis 2002, le métier d'éducateur de chien guide est pratiqué par une centaine de personnes et reconnu par l'État. Afin d'améliorer la qualité des chiens guides, la fédération française (FFAC) a créé un centre d'élevage (CESECAH de Montsablé, 63)[44]. La remise du chien guide à un déficient visuel dure de quinze jours à trois semaines. Cette remise est progressive, sous la surveillance de l'éducateur. L'école de Civens forme des éducateurs canins sur trois ans.

Aujourd'hui, le non-voyant et son chien sont admis dans les lieux publics et dans les transports en commun sans aucune limitation (loi du 30 juillet 1987). Le duo aveugle-chien guide est constitué en fonction du tempérament de chacun : il faut que le courant passe, car un chien ne peut travailler sous la contrainte. Les écoles organisent des stages d'adaptation et d'initiation. Le chien découvre son futur maître et apprend la technique de locomotion. On travaille ensuite au domicile de l'aveugle pour

44. Voir le site : www.cesecah.chienguides.fr.

familiariser le chien avec les parcours habituels ; après deux ou trois semaines, le duo est en principe capable de se débrouiller sans aide. Un chien guide travaille en moyenne une dizaine d'années. En général, il coule une retraite bien méritée auprès de son maître ; si celui-ci veut s'en séparer, il est repris par l'école qui le place dans une famille d'accueil.

Au service des handicapés

Capable de rendre leur autonomie aux non-voyants, le chien a été logiquement sollicité pour aider les infirmes moteurs ou en fauteuil. Aujourd'hui, il existe des labradors et des goldens spécialisés dans cette forme d'assistance.

Les Américains ont ouvert la voie : dans les années 1970, Karen Irvine créa à Santa Rosa, en Californie, le programme Canine Companions for Independance, qui aboutit au placement de dizaines d'animaux auprès de handicapés moteurs, victimes d'accidents, tétraplégiques, paralysés.

En Europe, la fondation Soho aux Pays-Bas a été la première à suivre l'exemple américain en introduisant des chiens d'assistance au centre de rééducation de Nimègue. En France, Handi'chiens, anciennement ANECAH, (Association nationale des chiens assistance pour handicapés), fondée par Marie-Claude Lebret, a repris le flambeau en

1989[45]. Après deux stages d'été à la CCI (Canine Companions for Independance), Marie-Claude Lebret est revenue avec le savoir et l'expérience accumulée outre-Atlantique, mais également avec deux chiots qui allaient devenir les deux premiers chiens d'assistance français : PJ et Preums. À ce jour, 170 labradors et goldens ont été offerts à des handicapés de tous âges. Cette association a aussi une dimension européenne, puisqu'elle a aidé à la création de deux organismes similaires, l'un en Suisse : le Copain, l'autre en Belgique : Dyadis, en assurant la formation de leurs éducateurs pendant six mois.

Leur apport n'est plus discuté. Récemment, on m'a envoyé du Canada un récit certifié de nature à convaincre les plus sceptiques (s'il en reste). Un labrador assistant un tétraplégique est témoin d'une chute de ce dernier – évidemment incapable de se relever. Le labrador se dirige alors vers l'appareil téléphonique, décroche le combiné d'un coup de patte, et appuie plusieurs fois sur toutes les touches. Il provoque ainsi une anomalie enregistrée au standard, qui identifie le numéro d'appel et envoie des secours : le handicapé est sauvé !

Les futurs auxiliaires sont issus de géniteurs possédant un pedigree et exempts de toutes tares génétiques. Ils sont choisis dès l'âge de 7 semaines après un test de caractère permettant d'écarter, au

45. Handi'chiens – 250, avenue du Général-Leclerc – 61000 Alençon.

sein d'une même portée, les chiots craintifs, indépendants ou manquant de soumission. De l'âge de 3 à 18 mois, ils sont placés dans des familles d'accueil bénévoles dont le rôle consiste à les familiariser avec le monde extérieur (foule, bruits, autres animaux...), de les socialiser et de contribuer à leur prééducation. Tous les quinze jours ou trois semaines, chiots et tuteurs participent à un cours visant à vérifier les acquis.

De 18 à 24 mois, les jeunes chiens reçoivent une éducation technique dans l'un des deux centres de l'association, soit à Alençon, soit à Lyon. Au-delà de l'obéissance, ils y apprennent tous les ordres – cinquante-trois au total – nécessaires à une aide efficace auprès des handicapés (voir plus loin).

Tous les chiens pressentis n'accèdent pas à un niveau suffisant : 40 % d'entre eux échouent et se voient « réformés ». Ceux qui bouclent le parcours sont présentés au stage de passation, d'une durée de quinze jours, afin de rencontrer leurs futurs maîtres et d'apprendre à coopérer avec eux. Seuls les handicapés susceptibles de conduire et d'assumer l'animal peuvent en recevoir un. Il n'est pas question de transformer l'animal en esclave, il doit être heureux et travailler dans la joie. Handi'chiens forme également des chiens « sociaux », remis à des adultes ou à des enfants plus dépendants (tétraplégiques, myopathes, autistes, trisomiques). Dans ce cas, un membre de la famille, voire un éducateur, doit se porter garant du bien-être de l'animal et suivre le stage de passation.

Le rôle de ces chiens relève plus de la thérapie que du service. Tel est l'avis de Nora Rebord, mère de deux adolescentes tétraplégiques : « La présence de Hash et Joyce a permis à mes filles un épanouissement psychologique et affectif. Elles parlent à leurs chiens, leur font des câlins quand elles sont angoissées. » D'autres parents soulignent que l'arrivée du chien a favorisé l'éveil de leur enfant ou a dédramatisé les séances de rééducation fonctionnelle. Le chien ne fait pas de miracles, mais, dans des circonstances aussi dramatiques, le fait qu'il induise des progrès – si minimes soient-ils – est très important pour l'entourage. Signalons aussi l'existence de « chiens visiteurs », qui établissent un contact temporaire avec les handicapés. La fondation Sommer, à Paris, subventionne leur formation et la demande ne cesse de croître : les visites sont de plus en plus réclamées par des patients hospitalisés atteints de troubles divers. Joseph Ortega a créé une école de chiens visiteurs où il met en œuvre une méthode naturelle d'éducation.

Ce qu'ils savent faire

Les élèves à quatre pattes apprennent à :

- évoluer à côté d'un fauteuil roulant sans en gêner la progression ;
- marcher à reculons devant le fauteuil lors de passages rétrécis (portes, lieux encombrés, etc.) ;

- maintenir une position donnée soit pour faciliter les soins d'hygiène, soit pour ne pas gêner les autres usagers des lieux publics;
- ramasser et rapporter, sans l'abîmer, tout objet (carte de crédit, bouteille d'eau minérale, paire de lunettes, trousseau de clés, télécommande, etc.) se trouvant hors de portée de la personne handicapée : à terre, à hauteur, dans un placard, sous un meuble, ouvrir et fermer les portes, les tiroirs;
- appeler l'ascenseur;
- allumer et éteindre la lumière;
- aider à la traction d'un fauteuil manuel pour soulager la personne (si toutefois le handicap est compatible avec cette commande);
- aider à effectuer une transaction aux guichets ou aux caisses;
- aboyer sur commande pour prévenir l'entourage (famille, voisins, passants) en cas de problèmes;
- aller chercher le téléphone sans fil de la maison.

Ce qu'ils comprennent

Cinquante-deux commandes apprises au chien d'assistance pour handicapés moteurs, d'après Marie-Claude Lebret :

Commandes vocales les plus utilisées :

- **nom du chien** : sert à attirer son attention et doit précéder chaque commande ;
- **viens** : rappel du chien vers vous ;
- **doucement** : ordonne au chien d'être calme ou de ne pas tirer sur sa laisse ;
- **au pied** :
  - en statique : ordonne au chien de venir se placer à gauche du fauteuil en position assise contre la roue,
  - en mouvement : signifie que le chien doit marcher à votre gauche au niveau de la roue du fauteuil, et doit s'asseoir quand vous vous arrêtez ;
- **cherche-apporte** : ordonne au chien de ramasser quelque chose qu'on lui montre ;
- **genoux** : ordonne au chien de poser ses pattes avant sur vos genoux ;
- **donne** : ordonne au chien de lâcher ce qu'il tient quand la personne le touche ;
- **apporte** : ordonne au chien de prendre quelque chose qu'une personne lui tend ;
- **non** : signifie au chien « quoi que tu sois en train de faire, arrête tout de suite ». Ordre d'interdiction ;
- **pas toucher** : ordonne au chien de ne pas toucher ni renifler un objet, un animal, une personne ;
- **pas bouger** : ordonne au chien de garder la position que le maître lui a donnée jusqu'à son retour et jusqu'à l'ordre « c'est fini ».

Commandes diverses :

- **on y va** : signifie que le chien doit vous accompagner pour faire une promenade sans tirer sur sa laisse ;
- **monte** : ordonne au chien de monter sur quelque chose ;
- **descend** : ordonne au chien de descendre de quelque chose ou de quelqu'un ;
- **assis** : ordonne au chien de s'asseoir ;
- **couché** : ordonne au chien de s'allonger par terre ;
- **debout** : ordonne au chien de se mettre sur ses quatre pattes ;
- **dis bonjour** : signifie que le chien doit donner sa patte ;
- **c'est fini** : signale la fin d'un exercice et la rupture de la commande précédente ;
- **dessous** : ordonne au chien de se glisser sous une table, un meuble, en position couchée ;
- **attends** : ordonne au chien de ne pas dépasser une barrière ou une porte jusqu'à nouvel ordre « c'est fini » ;
- **devant** : ordonne au chien de venir devant vous et de s'asseoir ;
- **pousse-toi** : préviens le chien qu'il devrait se pousser du passage ;
- **aboie** : ordonne au chien d'aboyer dans le but d'appeler de l'aide ;
- **silence** : ordonne au chien d'arrêter d'aboyer ;

- **tes besoins** : commande pour inciter le chien à faire ses besoins ;
- **en avant** : ordonne au chien de s'engager lors d'un passage de porte ou d'un passage étroit ;
- **demi-tour** : ordonne au chien de faire un demi-tour ;
- **recule** : ordonne au chien de faire marche arrière ;
- **à ta place** : ordonne au chien de regagner sa place habituelle, peu importe s'il est debout, couché ou assis ;
- **voiture** : ordonne au chien de monter dans une voiture, un camion, et de ne pas en descendre ;
- **collier** : ordonne au chien de passer la tête dans le collier ;
- **up** : ordonne au chien de poser ses pattes en avant sur un comptoir, un mur, une porte, etc. ;
- **apporte ta laisse** : ordonne au chien d'apporter sa laisse ;
- **apporte le phone** : ordonne au chien de prendre le téléphone ;
- **lâche** : ordonne au chien de laisser tomber ce qu'il tient dans la bouche ;
- **cherche la balle** : demande au chien de chercher sa balle ;
- **tug** : ordonne au chien de tirer sur une sangle avec les dents dans le but d'ouvrir une porte, un placard ;
- **up la porte** : le chien met ses pattes sur la poignée de la porte et la pousse ;

- **stop** : ordonne au chien d'arrêter de tirer le fauteuil ;
- **roule** : ordonne au chien de rouler sur le dos une fois qu'il est couché ;
- **va vers...** : cette commande suivie du nom de quelqu'un ordonne au chien d'aller vers la personne nommée.

Commandes les moins utilisées :

- **up lumière** : ordonne au chien de pousser le bouton avec son museau ;
- **up éteins** : ordonne au chien de pousser le bouton avec ses pattes ;
- **derrière** : ordonne au chien de marcher derrière la personne quand elle passe une porte ou dans un passage étroit ;
- **au chenil ou à la maison** : ordonne au chien d'aller dans son chenil ou de rentrer à la maison ;
- **marche** : à utiliser dans un escalier pour que le chien descende ou monte marche par marche ;
- **apporte ton sac** : ordonne au chien d'apporter son sac ;
- **saute** : ordonne au chien de sauter par-dessus quelque chose sans poser les pattes ;
- **en arrière** : commande à donner pour que le chien recule afin que l'on puisse ouvrir une porte, le chien étant de l'autre côté de celle-ci ;

- **side** : équivalent de l'ordre « au pied », mais le chien étant à droite du fauteuil ;
- **tire** : ordonne au chien de tirer le fauteuil devant lui à l'aide de son sac.

Irremplaçables

Dans le domaine de l'aide aux handicapés, les aides chiens sont irremplaçables. Entre 1988 et 1996, le docteur Michel Busnel a eu l'idée de faire appel à un animal social non domestiqué, le singe capucin sapajou. Il a mis au point un programme de dressage nommé Past, qui a abouti au placement de huit capucins auprès de tétraplégiques en France et en Allemagne. Le centre d'entraînement se trouvait à Kerpape, près de Ploemeur, en Bretagne. L'avantage des sapajous sur le chien tient à sa longévité : ce petit primate, dont le poids moyen est de 3 kg, vit en moyenne 27 ans (certains atteignent 40 ans). L'expérience, qui s'avérait prometteuse, tourna court. Les sapajous étaient certes capables d'accomplir sur demande toute une série de gestes (déplacer des objets, ouvrir ou fermer des portes, appeler l'ascenseur, aider à l'alimentation et même manipuler des appareils vidéo) qui ne sont pas à la portée des chiens d'assistance. Mais leur comportement devenait parfois évasif, imprévisible, et leur relation affective avec le malade était aléatoire. Une évaluation réalisée sous la direction du professeur J.-S. Morvan de la faculté des sciences humaines et sociales de la Sorbonne se révéla négative et mit un terme à l'expérience[46].

Les chiens écouteurs

Les premiers chiens pour sourds sont apparus en 1976, à l'American Human Association de Denver (Colorado), aux États-Unis. On en forme aujourd'hui près de 500 par an, et 4 000 d'entre eux sont en activité. En Angleterre, on dénombre 300 chiens pour sourds. La France est très en retard – hélas ! Une expérience a été tentée au début des années 1990 par l'association. Le chien écouteur, qui a formé sept chiens seulement. C'est d'autant plus regrettable que les malentendants constituent le plus important groupe de handicapés (10 % de la population selon certaines estimations). Une association nommée Wouaf est en train de reprendre la situation en mains[47]. Les chiens écouteurs ont de multiples fonctions. Leur « cursus » éducatif dure environ six mois. Ils sont entraînés à obéir à la voix, et au geste (les sourds sont souvent muets). Ils réagissent aussi au sifflet à ultrasons. Ils sont sensibilisés à certains sons spécifiques – sonnerie du téléphone, réveil-matin, détecteur de fumée, cris et pleurs d'enfants, sonnerie de porte, etc. Chaque chien écouteur est éduqué en fonction de l'environnement domestique

46. *Ethnozootechnie* n° 81. Les aides animalières au service des handicaps, 5, avenue Foch, 54 200 Toul.
47. Sandrine Herman, 6 rue Winston Churchill, 91 300 Massy.

et professionnel de son maître. Contrairement au chien d'aveugle, il provient de races très diverses. J'ai connu un berger belge groenendael qui exerçait parfaitement son métier.

Les chiens et les malades mentaux

Partenaires des aveugles, des sourds, des handicapés, les chiens peuvent aussi améliorer l'état de malades mentaux psychotiques, débiles, catatoniques, rebelles aux traitements médicamenteux ou psychanalytiques. Ange Condoret a conduit, en 1973, une expérience très intéressante en collaboration avec le docteur Corson, de l'Ohio, sur trente malades, âgés de 13 à 23 ans. On a attribué un chien à chacun d'eux. À l'issue de l'expérience, la quasi-totalité des malades était plus sociable, plus communicative.

Il est très difficile de cerner les effets positifs des animaux sur les malades mentaux, car ils entretiennent des rapports ambigus où se mêlent fantasmes et projections. L'animal est un support d'identification dans lequel se reconnaissent les malades. Ainsi, lorsqu'ils chérissent leur compagnon à quatre pattes, c'est pour assouvir une carence de soins dont ils ont souffert durant leur enfance.

Cependant, cela reste positif dans la mesure où le malade se trouve en position d'assumer une responsabilité à la mesure de ses possibilités, ce qui est particulièrement valorisant pour des gens submergés par les exigences de la société, les contraintes occasionnées permettant de garder un contact avec la réalité.

L'animal sert alors de point de repère dans la vie quotidienne. C'est lui qui impose la prise des repas ; certaines personnes anorexiques ont d'ailleurs recouvré l'appétit grâce à leur compagnon. Les soins procurés à l'animal ont aussi parfois des retentissements sur l'hygiène et la tenue vestimentaire du malade lui-même.

Au niveau des relations, l'animal peut être la source de conflits, notamment s'il est la propriété d'un malade. En revanche, bien utilisé, il peut servir à restaurer les relations humaines en apprenant les notions de tolérance et de compromis. L'animal peut aussi aider à combler un vide affectif ou à surmonter un deuil en se substituant à des personnes.

En servant de support projectif, l'animal permet de révéler certains malaises sources de conflits intérieurs, pas toujours évidents à percevoir pour les psychologues, car les malades sont, dans l'ensemble, assez peu expansifs.

La confirmation des bienfaits produits par les animaux de compagnie sur les malades mentaux a amené les scientifiques à ne plus se conduire en simples observateurs, mais en véritables orchestrateurs de projets thérapeutiques réfléchis, utilisant différentes espèces animales dans le cadre des « thérapies facilitées par l'animal ».

Dans le contexte particulier de la maladie d'Alzheimer, une équipe de chercheurs américains du Cherry Hill Manor de Rhode Island

(Nouvelle-Angleterre) a démontré les bienfaits des animaux de compagnie, des chiens en particulier, en cas de crise de démence, ou plus généralement, quand l'état des malades se dégrade. Un directeur de Sandoz-USA, Bill Connely, a mis son propre chien, Jeff, issu du croisement d'un épagneul springer et d'une femelle colley, au service des malades. Il a même entrepris une tournée en Europe. À Paris, Jeff a fait une démonstration à l'hôpital Broca.

« Le plus généreux des hommes, dit Bill Connely, ne pourra jamais consacrer vingt-quatre heures par jour à l'assistance d'un malade atteint d'Alzheimer, en conservant son calme, sa gentillesse dans les pires moments… Ce qu'aucun être humain n'est capable d'offrir, le chien le donnera sans rechigner, sans effort, sans limites. »

Bill Connely a créé une fondation, Jeff's Companion Animal Shelter (l'abri de Jeff pour les animaux de compagnie), qui a pour but de dresser des chiens à aider les victimes d'Alzheimer.

Contre l'infarctus

Le seul fait de caresser votre chien comme d'entendre ronronner votre chat ou de caresser votre cheval abaisse votre tension artérielle et diminue les risques de subir une attaque cardiaque ou une crise d'anxiété ou de dépression. C'est ce qu'avait démontré en direct sur le plateau télévisé de *30 millions d'amis*, le docteur Aaron Katcher, venu spécialement des États-Unis en 1980 :

« Au bas de l'écran s'affichaient en direct et livrés par un tensiomètre les chiffres de la tension artérielle du patient, impressionné par les caméras, les lumières et l'environnement, ce qui faisait grimper les chiffres de la tension vers le rouge ! C'est alors qu'on choisissait de faire entrer sur le plateau le chien (ou le chat) du "cobaye humain". Miracle ! La tension baissait immédiatement lorsque le maître se mettait à caresser son compagnon, retrouvant rapidement la normale et s'y maintenant tant que l'animal était présent. »

Une enquête menée dans les années 1990 en Australie par Warwick Anderson auprès de 5 741 patients consultant pour des problèmes cardiaques a révélé que le taux de cholestérol des 784 propriétaires d'animaux était de 2 % inférieur à celui des patients qui n'en avaient pas ! Les risques de crise cardiaque étaient, quant à eux, inférieurs de 4 %. Les propriétaires de chiens présentaient un taux de triglycérides (lipides) diminué et une tension artérielle moindre.

En termes cliniques, avoir un animal domestique contribue à abaisser la tension sanguine du patient, tout comme un régime sans sel ou sans boissons alcoolisées.

Les études d'Erika Friedmann de l'université de Pennsylvanie prouvent que la guérison à la suite d'un accident cardio-vasculaire est considérablement accélérée si le malade possède un chien. Cette chercheuse a prouvé que le taux de survie était supérieur chez les propriétaires de chien ou de chat.

Reha Kutlu-Hutin[48], éminente présidente de la fondation 30 millions d'amis (j'ai l'honneur d'être membre du conseil d'administration), signale la « prescription », par un confrère méridional à une grande cardiaque, d'un animal de compagnie qui a stabilisé son état et lui a permis de diminuer de moitié sa prise de médicaments (ronronthérapie !).

David Servan-Schreiber, dans son livre *Guérir*, mentionne une étude sur des patients victimes d'infarctus publiée dans *American Journal of Radiology*. Tous étaient sujets à de dangereuses arythmies, mais « ceux qui possédaient un animal domestique avaient six fois moins de chances de mourir dans l'année suivante que les autres ».

David Servan-Schreiber cite le cas des courtiers en bourse souvent victimes d'hypertension artérielle, surtout en temps de crise ! Le docteur Allen de l'université de Buffalo a proposé à un grand nombre d'entre eux d'adopter un chien. Après six mois de vie commune, les courtiers contrôlent mieux leurs émotions, ont une meilleure concentration et sont imperméables au stress. L'animal familier, tout comme un vrai ami, nous insuffle le sentiment de « pouvoir être soi-même complètement... de se sentir compris dans ses émotions, de se savoir utile et important pour quelqu'un et d'avoir un minimum de contacts physiques avec eux ». Autre avantage : sur le plan cardio-vasculaire, posséder un chien oblige à

48. *30 millions d'amis – 30 millions d'amour,* Éditions Michel Lafon, 1984.

demeurer actif, car le chien doit être nourri à heures fixes, toiletté, et surtout promené deux à trois fois par jour.

Cette retombée positive liée à la présence d'un chien évoque un cas dont j'ai été témoin et qui me permet de revenir en cette fin de chapitre sur la maladie d'Alzheimer. Le père d'une amie en était frappé. Sa mémoire immédiate semblait irrémédiablement disparue. Mon amie eut l'idée de lui offrir un chien, auquel il s'attacha presque immédiatement – et dont il n'oublia jamais le nom ! Sans aller jusqu'à la guérison, son état demeura stationnaire et sa fille me confia que la présence constante de son chien lui avait donné l'envie de lutter contre la maladie, et rendu, dans une certaine mesure, le goût de la vie.

Sur demande, la confédération nationale des SPA de France vous procure la liste des maisons de retraite où les animaux sont admis[49].

---

49. 25, quai Jean-Moulin, 69 002 Lyon.

XIV

Des chiens qui flairent le cancer

Il est un domaine particulier où les chiens peuvent nous apporter une aide précieuse, voire essentielle.

Chacun connaît l'importance du dépistage précoce en matière de cancer : les chances de guérison sont accrues de façon spectaculaire. Dès aujourd'hui, certains chiens, après un dressage particulier, sont capables de détecter dans l'urine la présence d'une tumeur cancéreuse, même dans sa phase de formation.

Nous savons que les tumeurs produisent des substances organiques volatiles (formaldéhyde, etc.) diffusées par l'haleine, la transpiration, l'urine, c'est-à-dire par toutes les sécrétions corporelles. Certaines ont une odeur spécifique que l'odorat spécialement entraîné d'un chien est à même de distinguer (l'odorat du chien est beaucoup plus sensible – deux cent mille fois plus sensible, affirment certains – que le nôtre).

L'équipe anglaise du docteur Carolyn Willis, à l'hôpital de Buckingham, a dressé six chiens de races et âges différents : trois cockers spaniel, un labrador, un papillon et un corniaud. On leur a soumis quatre-vingts échantillons d'urine : vingt-six venaient de patients atteints d'un cancer de la vessie, cinquante-quatre de sujets sains. Les chiens ont décelé la présence de cancer dans les échantillons, avec un très petit pourcentage d'erreurs. Mieux : ayant réagi dans deux cas sur des échantillons de sujets sains, une analyse plus pointue démontra que ceux-ci présentaient des tumeurs en formation qui n'avaient pas été décelées (dont un cancer des reins)[50]. Des résultats semblables ont été obtenus à l'hôpital Amersham de Londres.

En vérité, ce n'est pas la première fois que la cancérologie fait appel au flair des chiens. En 1990, le docteur Cognetta, dermatologue de Floride, avait dressé un chien policier à reconnaître les mélanomes (cancer de la peau) bien avant la biopsie. Un patient lui avait fait remarquer que son labrador reniflait avec insistance une plaque érythémateuse qu'il avait à la cuisse. Celle-ci, à la biopsie, se révéla cancéreuse !

---

50. Christian Delahaye, *Le Quotidien du médecin*, 20 mars 2003.

Un chien schnauzer – par ailleurs entraîné pour déceler la présence d'explosifs – établissait sur des grains de beauté des diagnostics de cancer que l'analyse confirmait à 100 % ! En Californie, un caniche se révéla capable de diagnostiquer les cancers du sein ou du poumon d'après l'haleine des malades. Plusieurs fois, des malades atteints d'une tumeur, et en phase de chimiothérapie, m'ont signalé que leur chien (et éventuellement leur chat) semblait averti avant les spécialistes de la présence du cancer dans leur organisme et se positionnait au plus près, comme s'ils voulaient donner l'alerte – ou participer à la guérison ! Ces observations ont donné naissance à une série de recherches à la Pine Street Foundation de Californie.

Le professeur Cussenot, au service d'urologie de l'hôpital Tenon, université Paris-VI, a fait appel à Aspirant, un malinois éduqué par les services de l'armée. Le travail de l'animal consiste à améliorer les tests biochimiques utilisés en laboratoire pour dépister le cancer de la prostate chez les patients. Dans la revue *European Urology*, le professeur Cussenot déclare : « Nous avons été surpris des performances de ces animaux. Aucun test, notamment celui de l'antigène spécifique prostatique (PSA), n'atteint de tels résultats ». Le taux de réussite obtenu par Aspirant serait de 91 % ! Les odeurs sont prélevées sur les malades à l'aide d'un tissu spécifique et stérile. Puis ces gazes sont enfermées dans des bocaux et proposées au museau du chien selon une méthode très codifiée. Cinq échantillons sont reniflés par l'animal. Les uns sont neutres, d'autres sont porteurs des molécules recueillies sur les patients, les derniers comportent des odeurs sans relation avec les malades. Plusieurs passages : Aspirant renifle puis adopte un comportement particulier pour indiquer qu'il a identifié les tissus portant les échantillons recueillis sur les malades. L'hypothèse des chercheurs est de pouvoir déterminer les molécules volatiles que le chien repère et qui constituent donc la « signature odorante » du cancer de la prostate. Ce travail permettrait ensuite d'élaborer une technologie qui se substituerait au nez de l'animal afin de pouvoir généraliser ce type de diagnostic » (Courtoisie/Vuilleminot).

Nos amis les chiens ont aussi des pouvoirs surprenants en matière de dépistage du diabète. Certains chiens sont capables de pressentir l'imminence d'un coma diabétique – dû à une chute soudaine du taux de sucre dans le sang (hypoglycémie). Ils avertissent leur maître qui peut alors prendre les mesures qui s'imposent. Le *British Medical Journal* a cité le cas de Candy, petite chienne bâtarde, qui depuis des années connaît l'imminence d'une crise d'hypoglycémie chez sa maîtresse Gwen, âgée de 50 ans. Elle se refuse à obéir jusqu'à ce que Gwen ait absorbé le sucre qui lui manque ! Plusieurs cas de ce genre ont été rapportés.

Dans la même perspective, on a observé que des chiens avaient la propriété de prévoir les crises épileptiques. L'association britannique de lutte contre l'épilepsie a publié récemment une brochure en ce sens : certains chiens commencent à aboyer quarante-cinq minutes avant la crise ! Elle cite le cas d'une vétérinaire britannique, la docteure Elizabeth Rudy, dont le chien manifeste une grande nervosité (il lui lèche les mains en gémissant) avant chaque crise – alors qu'elle-même ne ressent aucun signal : « Dans la rue, mon chien s'arrête net, abaissant les oreilles – ce qui me donne le temps de me préparer ! » Cette collaboration permit au docteur Rudy de continuer sa carrière.

À la recherche du gène sauveur

En matière de cancer, il est un autre domaine dans lequel les chiens sont à même de nous fournir une aide efficace : celui de la génétique.

Au Broad Institute de Cambridge (Massachusetts), on a réalisé le décodage du génome complet du chien sur les trente-neuf paires de chromosomes. C'est une femelle boxer nommée Tascha qui a permis cette réalisation. Elle a été choisie parmi soixante chiens de races différentes en raison de son pedigree : issue d'une lignée pure, elle présentait une grande homogénéité génétique.

On sait que c'est le même gène fixé sur le chromosome 5 du chien qui est à l'origine du cancer chez l'homme et le chien ; de nombreux cancers se développent de façon similaire. Le séquençage du chien a été déposé dans une base de données, et les spécialistes espèrent pouvoir bientôt identifier les gènes responsables de certains cancers, ce qui constituerait un progrès énorme dans la lutte contre ce fléau.

Il faut signaler que le génome du chat domestique a été, lui aussi, entièrement séquencé au National Cancer Institute, à Frederick (USA). Comme le chien, le chat présente de très nombreuses pathologies héréditaires communes avec l'homme ; l'identification de gènes responsables chez le chat va permettre de tester des traitements et des protocoles de guérison pour l'homme.

XV

Des chats dans les hôpitaux

« L'homme est civilisé dans la mesure
où il comprend le chat. »
George Bernard Shaw

Les chats sont-ils nantis « d'une malice innée, d'un caractère faux, d'un naturel pervers », comme le prétendait Buffon, ailurophobe convaincu ? J'affirme tout au contraire qu'ils sont dotés d'un psychisme fort subtil qui mérite toute notre admiration.

Les chats ont une patience admirable, un courage tenace, une étonnante mémoire des lieux et des gens, un sens inné de la stratégie et du confort.

Chaque félin, chaque « tigre de salon » possède une personnalité bien distincte, une individualité étonnante qu'il exprime aussi bien dans la façon de réclamer les caresses et de prodiguer ses sympathies que dans la diversité des goûts culinaires et de ses habitudes et attitudes. Pussy ne mange que telle marque de pâtée ou de croquettes, Gris-Gris ne savoure que les filets de sole et des morceaux d'andouillette de Guéméné, Minouchet accorde ses faveurs aux langues de mouton, Don Juan frétille littéralement devant un morceau de foie de veau. Untel ne boit que l'eau courante d'un robinet ouvert, alors que Kiki lape l'eau stagnante de l'aquarium plein de poissons !

Décidément, tout comme l'affirmait Edmond Jaloux : « C'est plus fort que moi, il m'est difficile de me confier entièrement à quelqu'un qui n'aime pas les chats ».

Lorsque vous aurez parcouru mon ouvrage *Le Sixième Sens des animaux*[51], consacré au « psitrailing », don subtil de l'orientation, aux phénomènes médiumniques et aux perceptions extrasensorielles, vous demeurerez sans doute perplexe et vous ferez vôtres ces vers de Baudelaire qui proclamait que le chat :

« C'est l'esprit familier du lieu
Il juge, il préside, il inspire
Toutes choses dans son empire ;
Peut-être est-il fée, est-il dieu ?

51. Éditions du Rocher.

Il est en fait «l'orgueil de la maison». »

Son indifférence hautaine, sa curiosité sans limites, son refus à se rendre ou à obéir, son indépendance font de cette espèce un monde à part, un être hors du commun. Après 5 000 ans de cohabitation, après avoir été successivement divinisé par les Égyptiens puis victime des bûchers de la Saint-Jean, il a conservé sa part de mystère.

« Il faudrait avoir les yeux d'un chat pour parler d'eux sans les trahir » (Muriel Jack).

L'effet bénéfique du chat ne consiste pas seulement à les toucher, à jouer avec leur fourrure, à leur gratter le crâne, mais également à établir une relation psychologique indemne de trahison et de contradiction.

Certains retrouveront à travers leur contact une véritable foi dans les rapports humains et constateront une diminution de la tension, de la tachycardie, ou de la déprime.

À l'hôpital Charles-Foix, établissement de l'Assistance publique d'Ivry, près de Paris, qui dispose de 1 500 lits et où la moyenne d'âge est très élevée, on conduit depuis plusieurs années une expérience qui m'a beaucoup intéressé : les chats y évoluent librement dans le vaste parc (où d'ailleurs une petite ferme a été aménagée) et ont accès dans les services de long séjour, jusqu'aux lits des patients.

L'introduction des chats s'est accomplie en douceur : les chats errants venaient chercher asile dans le parc, étaient nourris et dorlotés par des pensionnaires. Certains chats d'ailleurs ne se laissaient approcher que par leur humain nourricier.

Observant cette situation, et le bénéfice qu'en tiraient certains malades sur le plan mental et même physique, la docteure Annick Sachet décida d'« officialiser » en quelque sorte la présence des chats dans le système hospitalier. Elle régla les problèmes d'hygiène ou de contaminations potentielles (zoonoses) par un contrôle vétérinaire régulier, elle obtint l'accord du personnel et laissa s'établir des relations régulières avec ses pensionnaires. Bientôt, chaque étage bénéficia de sa « mascotte », à la grande satisfaction des malades. Puis des chats furent hébergés dans des chambres de résidents. On se souvient encore de Poupy, Zoé ou Banania ! On fit appel à la SPA, qui subventionna l'opération. Un des chats fut baptisé « Prozac » par plusieurs pensionnaires, car sa présence, selon eux, était plus efficace que le médicament en question !

Dans une thèse de doctorat en médecine (*Intérêt de l'introduction d'un animal familier en maison de retraite*, 1992), Nicole Guinoiseau évoque l'hôpital gériatrique Charle-Foix et la Maison du Parc de Saint-Cloud. Elle décrit le cas d'une patiente de 86 ans, parkinsonienne, atteinte du début du redoutable syndrome de glissement, à qui on confia une chatte et dont les troubles se sont stabilisés ; et celui d'un psychotique en surexcitation, logorrhée et dépression, dont l'état fut considérablement amélioré grâce au chat Banania déjà cité ! La docteure Elisabeth Kruczek, du centre de gériatrie de

Strasbourg, cite le cas d'une patiente agitée, atteinte d'un tremblement permanent qui cessait quand elle caressait un chat.

Selon une étude réalisée auprès de 4435 personnes dans le Minnesota (USA) par le docteur Quristre, les propriétaires de chat auraient 30 % de risques en moins d'être victimes d'une crise cardiaque, ou d'un infarctus !

S'il n'a pas les qualités du chien, le chat est bien en mesure d'apporter, lui aussi, une aide thérapeutique, à domicile ou dans les hôpitaux, en particulier gériatriques. Aux USA, l'université de Pennsylvanie vient de créer un programme PACT (People Animal Come Together) dont la vocation est de placer des chats chez des personnes isolées, âgées, ou en difficulté. L'animal est fourni par la SPA locale, après contrôle vétérinaire. La personne qui accueille l'animal peut le retourner au centre en cas d'incompatibilité d'humeur, mais le cas se présente rarement.

Dans de nombreuses maisons de retraite, les chats sont désormais les bienvenus. Pascal Champvert, président de l'ADEHRA (Association des directeurs d'établissement d'hébergement pour personnes âgées) et directeur de la maison de retraite de Saint-Maur, affirme : « On a vu des personnes du quatrième âge, multihandicapées, les mains paralysées depuis des années, remuer de nouveau les doigts pour caresser un chat. » S'inspirant des travaux de Corson, que j'ai déjà cités, sur la Pet Therapy (thérapie par les animaux familiers), le docteur Earl Strimple, de Washington, a réalisé une expérience originale : il a persuadé le directeur de la prison de Lortin de laisser des détenus (certains condamnés à de lourdes peines) recueillir les chats errants des alentours. Des vétérinaires vinrent donner des conseils. Le docteur Strimple observa des modifications de comportement chez les détenus : baisse d'agressivité, moins de dépression.

« Les chats, a écrit le docteur Strimple, sont devenus un lien positif entre le monde carcéral et l'extérieur ; ils ont donné une sorte d'âme à ce lieu déstructuré. Et même confiés à des détenus violents, auteurs de crimes graves, les animaux n'ont jamais subi le moindre sévisse ! »

Il semble que le chat – plus encore que le chien – soit sensible aux émotions, ou aux douleurs de son maître. J'ai déjà décrit d'étranges comportements dans mon livre *Le Sixième Sens des animaux*. Depuis, j'ai recueilli d'autres témoignages qui renforcent ma conviction. Comme celui-ci, de Karen Richards, qui vit en Grande-Bretagne (à Stourbridge) :

« Je vivais seule avec cinq chats. Je suis tombée très malade pendant des mois, dans l'incapacité de travailler. À tour de rôle, un chat s'installa à mes côtés, alors que les autres sortaient. Jamais je ne suis restée dans mon lit sans la présence d'un de mes chats ! Quand j'ai guéri, la vie a repris son cours normal pour moi et pour mes chats ! »

Le très sérieux *New-England Journal of Medicine* a publié récemment un article concernant un chat de 2 ans, tigré, recueilli dans un service d'Alzheimeriens à l'hôpital de Providence (Rhodes Island,

USA : communication du docteur David Dosa). Nommé Oscar, ce chat a la particularité d'identifier les patients dont la mort est imminente : il vient alors se blottir auprès d'eux ! Le personnel du service et les médecins n'hésitent pas alors à avertir les familles : Oscar ne se trompe jamais. Le docteur Dosa écrit : « Oscar fait des rondes régulières dans le service, situé au troisième étage. S'il s'installe auprès d'un patient, nous savons que sa fin est proche, même si aucun signe clinique n'est perceptible. Oscar s'intéresse à chaque patient, mais ne saute sur le lit que lorsque la vie touche à son terme. Je ne peux fournir d'explication sur les capacités divinatoires d'Oscar, mais je tenais à signaler à la communauté médicale cet extraordinaire comportement. »

Les soignants sont bien obligés de reconnaître que les animaux, parfois, les dépassent.

XVI

Notre ami le cheval

Comment Cortès, à la tête d'une poignée d'Espagnols, parvint-il à conquérir le fabuleux empire qu'était, en 1519, le Mexique ? Certains attribuent le foudroyant succès de ses armes à sa cavalerie pourtant réduite à la plus simple expression : seize chevaux. Ces derniers descendaient des montures que Christophe Colomb avait introduites à Haïti en 1495 et qu'il avait fait reproduire dans les *rancherias* de l'île. Devant ces animaux inconnus, les indigènes furent saisis d'une terreur superstitieuse qui, en rejaillissant sur le conquistador, facilita grandement sa pénétration du continent américain. Par une étrange ironie du sort, c'est pourtant en Amérique du Nord que se trouve le berceau de l'espèce ; elle n'y serait pas revenue sans l'intervention récente de l'homme au XVIe siècle. Son plus lointain représentant, l'*eohippus*, à peine plus gros qu'un teckel, y galopait déjà il y a plus de 70 millions d'années sur les quatre doigts de ses courtes pattes ; il s'y nourrissait de feuilles et de bourgeons.

Aux périodes où les continents étaient réunis, eurent lieu des migrations successives de certaines formes vers l'Eurasie, toutes systématiquement suivies d'extinction : tel fut le cas, au Miocène, de l'*anchiterium*, il y a 30 millions d'années, puis de l'*hipparion*.

Ce n'est qu'au Pliocène, il y a environ 10 millions d'années que le genre *equus*, lui-même dérivé du *pleshippus*, franchit l'étroit pont intercontinental de Béring pour se répandre à travers toute l'Eurasie.

De cette branche asiatique est issue, au quaternaire, la plus noble conquête de l'homme *equus caallus*, le dernier maillon triomphant.

Outre-Atlantique, le genre *equus* s'éteignit totalement, il y a environ 30 millions d'années sans que l'on sache encore exactement pourquoi.

Depuis des millénaires, le cheval était connu, utilisé et apprécié en Europe et en Asie.

Dès l'époque reculée où il atteint son état de monture possible, les nomades indo-européens en font leur principal allié.

À eux revient l'honneur d'avoir, les premiers, soumis, monté et, plus tard, attelé les fougueuses cavales peuplant les plaines herbeuses, théâtre de leurs errances.

Petit à petit, l'humanité apprend à rendre plus docile, plus maniable, ce véhicule fabuleux que les dieux ont donné à l'homme.

Les Hourrites apportent un élément déterminant dans cette recherche en inventant le bridon au XIVᵉ siècle av. J.-C. Dompté, le cheval ne tarde pas à faire la conquête de son vainqueur.

Et l'histoire galope…

Compagnon de tous les instants, vecteur d'une civilisation dont nous commençons seulement à émerger, c'est particulièrement par la guerre et le sport que le cheval va partout s'illustrer.

Vers 608 avant notre ère, les Scythes, issus des plaines de l'Asie, écrasent les cavaliers d'Assur. Les Huns, également fils des steppes orientales, harcèlent l'Europe pendant près de dix siècles avant J.-C. avant d'être défaits par les Gaulois en 451, près de Troyes.

Cinq siècles après la victoire de Charles Martel sur la cavalerie arabe à Poitiers (732), Gengis Khan, à la tête de sa « harde d'or », bâtissait son empire mongol sur la suprématie du cheval. Sait-on qu'il avait établi un service postal disposant de 300 000 chevaux, sillonnant les deux continents, y compris la Chine et la France ?

Aucun roi, aucun conquérant, aucun aventurier ne partaient en guerre sans une prestigieuse cavalerie toujours complaisamment décrite et vantée par les chroniqueurs de son temps. L'invasion de l'Angleterre par Guillaume le Conquérant, duc de Normandie, en 1066, les Croisades avec leur épopée légendaire sont autant de monuments à la gloire du cheval et de son étroite association avec le guerrier.

Le noble destrier n'est-il pas, du reste, l'apanage de l'élite, de la classe dirigeante, en opposition à la vile « piétaille » condamnée, par l'infériorité de son état, à marcher dans la poussière ?

Le cheval n'avait pas donné son nom à cette caste supérieure aux autres, non seulement par la richesse ou le courage, mais par son élévation cruelle : la chevalerie.

Grâce à *l'equus caballus*, l'homme a acquis de nouveaux sens, il a pu décupler sa puissance et sa vitesse.

Cheval de guerre et de conquête, mais aussi cheval de labour, de transport, de poste, animal de boucherie aussi, dans tous les domaines, il a été l'artisan, le facteur déterminant de la promotion humaine.

En retour, l'homme lui a voué sa reconnaissance et une admiration tenace, eu égard à sa force sauvage et dynamique et à la violente énergie qu'il a toujours su manifester au cours des siècles.

Ses qualités physiques indéniables, sa beauté évidente, son courage, sa fidélité, son intelligence, sa sensibilité ont été élevés à l'état d'exemple et de symbole dans un très grand nombre de mythologies et de religions : « Symbole de la perfection dynamique et plastique », Guénon, il est aussi, toujours selon le même auteur, le « poème vivant de la Liberté ».

On ne saurait citer toutes les représentations du cheval, de Phœbus, le soleil, aux cavaliers de l'Apocalypse, de Pégase à la déesse gauloise Epona, elles seraient trop nombreuses.

Remarquons seulement au passage que le nom des chevaux préférés des héros de l'Antiquité ou du

Moyen Âge sont parvenus jusqu'à nous au même titre que le nom de ceux qui les montaient.

Ceci s'explique en partie par l'étroite symbiose existant entre le cavalier et sa monture faisant que parfois nul ne savait quel était celui qui conduisait l'autre à la gloire ou à sa perte.

« C'est une créature qui renonce à son être pour n'exister que par la volonté d'un autre, qui sait même la prévenir, qui, par la promptitude et la prévision de ses mouvements, l'exprime et l'exécute… qui, se livrant sans réserve, ne se refuse à rien, sert de toutes ses forces, s'excède et meurt pour mieux obéir… » (Buffon)

Car toutes les imperfections sont incluses dans le cheval, de la plus noble à la plus humble. Du dieu, du génie, du conquérant nous pouvons descendre jusqu'au plus humble cheval de charroi, jusqu'au misérable cheval de mine qui mourait sans avoir revu le jour, sans que se ternissent les merveilleuses qualités qui parent cet être d'exception.

Maintenant que le cheval n'est plus pour nous un élément utilitaire, nous ne le fréquentons plus que pour notre plaisir. Ainsi se tissent entre lui et nous des liens d'amitié pure et désintéressée dignes de lui.

Pour cela, il faut savoir le comprendre, ce que les enfants, et, souvent, les handicapés font d'instinct. Ils sont sur la même longueur d'onde, ils parlent le même langage.

Comme le soulignait Édouard Pouret, mon très regretté et éminent confrère équin : « Il est coutume de dire actuellement que les chevaux aiment mieux le langage des femmes depuis que ces dernières sont beaucoup plus nombreuses à s'occuper des chevaux.» 80 % de cavalières, me confirme mon amie Annie-Laure Maissant, écuyère de talent propriétaire du fameux haras du Planet à Saint-Léger-en-Yvelines.

> « Les chevaux, c'est entendu, parlent peu, mais de l'extrémité satinée de leur nez jusqu'au bout de leurs doigts sensibles en passant par leur dos, leurs flancs et le moindre point de leurs corps, ils vibrent comme des harpes ».
>
> Docteur Fernand MÉRY

Avant d'évoquer les bienfaits de l'équithérapie (ou thérapie facilitée par le cheval), je tiens à souligner ce que la pratique simple de l'équitation peut apporter à chacun d'entre nous. On ne devient pas cavalier, ou écuyer, du jour au lendemain. Ce n'est qu'après de très longues heures de pratique, de cours, de sorties, de reprises que le cavalier trouve la position adéquate, une bonne verticalisation du corps, une amélioration de l'assiette et une facilitation des mouvements respiratoires, autant de facteurs capables d'élaborer un « schéma corporel » satisfaisant. Certains psychanalystes qualifient le cheval « d'objet transitionnel » (Donald Winnicot), d'autres, comme le docteur Roger Bermudez, de « sujet intermédiaire » substitutif capable d'épanouir les personnalités, de développer le sens de la responsabilité et d'une bonne communication, voire d'ébaucher une certaine socialisation. Mais le plus important semble être la « relation d'aide » qui s'instaure au sein des rapports moniteur-élève et les résultats les plus tangibles sont obtenus sur l'instabilité, l'anxiété, l'angoisse, les faiblesses de la personnalité, le refus des contacts tant avec la famille qu'avec les « autres », les troubles caractériels, sans oublier la coordination des mouvements et la normalisation du tonus.

Diderot préconisait dès 1755 dans l'*Encyclopédie* : « Le mouvement du corps que procure l'équitation cause de douces secousses dans les viscères de la poitrine et du bas-ventre. Il les applique et les presse sans effort les uns contre les autres ; il donne l'occasion à ce que l'on change d'air ; il fait que ce "fluide" pénètre avec plus de force dans la poitrine… Par l'équitation, on peut soigner un grand nombre de maladies, on peut aussi les prévenir avant qu'elles ne se déclarent. »

Personnellement, adepte depuis quarante ans du hatha-yoga, je pratique les respirations alternées du *pranaya* lorsque je chevauche Leïla, ma jument préférée, chaque week-end au haras de la Licorne à Hermeray chez Odile van Doorn et Daniel Cormier. Je retrouve à chaque sortie l'équilibre et la sérénité altérée par une semaine parisienne. Ici, au manège, comme l'a écrit Goethe, « l'homme et l'animal ne font qu'un, au point de ne pouvoir distinguer lequel des deux est effectivement en train de dresser l'autre ».

Si les bienfaits de l'équitation sont reconnus depuis l'Antiquité, ce n'est que dans les années 1950 que le pouvoir thérapeutique des chevaux fut vraiment reconnu et étudié par le monde médical. Et ce fut à l'occasion des Jeux olympiques d'Helsinki de 1952. La cavalière danoise Lise Hartel, qui remporta la médaille d'argent du dressage, n'avait pas l'usage de ses jambes : elle avait été frappée, huit ans auparavant, par la poliomyélite. Son exploit fit réfléchir les spécialistes de la rééducation et des problèmes de handicap. L'équithérapie (qu'on appelle aussi hippothérapie) était née.

Depuis, cette forme de médecine n'a cessé de se développer et j'en suis très satisfait. À notre ami le cheval, nous demandons beaucoup. Et aucun cheval n'a jamais refusé de nous aider.

Dans l'Hexagone, dès 1978, la psychothérapeute Renée de Lubersac publie (avec Hubert Lallery), masseur-kinésithérapeute, un livre *La Rééducation par l'équitation*. Elle a auparavant développé l'association Handi-Cheval en 1970. En 1975, leurs travaux sont relayés par l'ASERTAC (Association pour la spécialisation, l'enseignement et la recherche dans les thérapeutiques d'approche corporelle).

En 1986 naît la FENTAC (Fédération nationale de thérapie avec le cheval). En août 1991, au 7e congrès international de l'équitation thérapeutique, au Danemark, Renée de Lubersac déclare : « Quant à savoir si le cheval est un objet intermédiaire, transitionnel, de désir ou de plaisir, probablement est-il tout cela selon les circonstances. Mais nous pencherions plutôt, à l'heure actuelle, pour le désigner aussi comme faisant partie du corps de la mère ou du corps de l'enfant. »

Elle souligne, à cette occasion, l'attirance des enfants perturbés pour ces crins et la crinière, révélant en cela la peur de la séparation.

En 1977, Charlotte Daubrée soutient une thèse intitulée *Étude de cinq cas cliniques d'enfants présentant un syndrome autistique et leur relation à l'animal : le poney*. Ces enfants de 6 à 13 ans programment chaque mois d'émerger du premier stade, dit « état autistique réussi », caractérisé par des signes défensifs pathologiques, des expressions émotionnelles réduites au minimum, un langage absent ou répétitif, un regard absent ou fuyant, un repérage temporel très perturbé. Toutes les activités étaient soigneusement accompagnées par la monitrice ou l'éducatrice. Deux des jeunes autistes ont progressivement pris plaisir à panser, à préparer le poney, parfois à nourrir l'animal, avant de le monter seul. Les deux enfants les plus en progrès ont mis en place des énoncés de désir et d'action : « Je veux... donne... » et des termes de socialisation : « Bonjour... merci... au revoir. » Les cinq juniors relevaient de l'atelier de la Souris verte au sein du service Rochefeuille de psychiatrie du CHUR de Clermont-Ferrand. Les ponettes et les poneys représentaient un « matériel vivant et original » constituant un « véritable outil thérapeutique ».

« Dans la liste des incapacités traitées par l'équithérapie, on note déjà : les scléroses multiples, la paralysie cérébrale, le lumbago, des déformations des membres, des maladies cardiovasculaires, des postures déficientes, le retard mental et des problèmes de compréhension », déclarent Vincent Rousselet-Blanc et Caroline Mangez.

La thérapie avec le cheval est divisée en deux parties :

- L'hippothérapie, ou thérapie avec l'aide du cheval, surtout recommandée pour les infirmes moteurs cérébraux, sous la direction et la surveillance étroite d'un psychothérapeute, le patient est totalement passif sur le cheval et se laisse bercer au rythme de l'animal. En fait, nous adopterons la définition de Virginie Bruneau : « Thérapie à part entière et complémentaire à la fois, prenant en considération le patient dans son entité physique et psychologique, utilisant le cheval comme partenaire thérapeutique afin d'atteindre des objectifs fixés en fonction de la spécialité du thérapeute. » Le contact avec le cheval monté à cru de préférence, le balancement et le massage provoqué par le déhanchement de l'animal favorisent la déconcentration et la relaxation et une amélioration du contrôle des réflexes musculaires et de la tête du patient.
- L'équithérapie consiste en des exercices actifs sur le cheval dans la mesure où ils étirent les muscles, les relaxent. Cette méthode améliore l'équilibre et ne doit s'effectuer qu'avec un moniteur. L'association Handi-Cheval a publié, en 2004, un ouvrage sous la direction de Marie Jollinier, *Cheval, inadaptations et handicaps*, dû à la collaboration de onze

contributeurs prestigieux où sont soulignés les intérêts des pratiques avec le cheval auprès des personnes en difficulté. Y sont mentionnées :
- les personnes présentant un handicap physique (atteintes du système ostéoarticulaire) par Monique Salaire ;
- les personnes présentant un handicap physique (atteintes du système nerveux et musculaire) par Isabelle Quinet ;
- les personnes présentant un déficit du schéma corporel et du langage par Daniele Citterio ;
- les personnes handicapées par maladie mentale par Anaïs Armaidjan ;
- les personnes en difficulté psychosociale par Marie Jollinier.

La première partie (le cheval médiateur du développement de la personne) décrit les différentes fonctions thérapeutiques du cheval et de l'équitation aux différents niveaux.

C'est en 1974 que le colonel de Fombelle, dont j'avais soigné les chevaux au 7e Spahis algériens de Senlis en 1951, où j'exerçais sous son commandement éclairé, est devenu président de l'ANDRE (Association nationale de rééducation par l'équitation), ancêtre de Handi-Cheval et de l'ANETELH.

La formation des jeunes à la FENTAC existe depuis plus de dix ans. Elle s'adresse aux possesseurs d'un diplôme du ministère de la Santé : « Elle est, en fait, une spécialisation à un métier de soignant. Elle est soumise, comme toute autre thérapie, à une prescription médicale », déclare Brigitte Martin, présidente de cette Fédération nationale des thérapies avec le cheval. Elle précise : « Pourquoi avec le cheval et non pas par l'équitation ou sur le cheval ? L'objectif n'est pas forcément la monte. C'est pourquoi il est accordé beaucoup d'importance aux rencontres à pied, qu'elles se déroulent avec un cheval en liberté, dans un manège ou durant le pansage dans le box ou à l'attache, temps encouragés et jamais négligés. Nous soulignons de ce fait l'importance des connaissances éthologiques que doivent acquérir les soignants. Nous accordons ainsi plusieurs modules dans notre formation à la connaissance du cheval sous cet angle et au travail à pied en interaction avec le cheval puisque, en général, mais pas toujours, le thérapeute est à terre et non à cheval.

Cheval à la place d'équitation, car l'équitation est la monte avant tout. Le cheval est un animal qui, non seulement autorise les contacts corporels, mais en plus les apprécie. Il réunit les qualités nécessaires à la pulsion d'attachement décrite par M. Harlow, éthologue, et M. Bowl, psychanalyste. Ces qualités sont chaleur, odeur, douceur, bercement, regard, et sont fondamentales pour le développement harmonieux de l'enfant. En thérapie, le cheval est le médiateur vivant de la relation entre le patient et le thérapeute. »

Dans un article intitulé « Équithérapie ou thérapie psychomotrice », le docteur Pierre-Marie Bougard[52]

52. *Ethnozootechnie*, n° 73.

précise : « Sur le plan orthopédique, la rééducation avec le cheval permet de lutter contre les rétractions par des postures, des exercices d'étirement et d'assouplissement. La rééducation avec le cheval améliore le tonus postural de la tête, et du tronc, et permet un ajustement du tonus pour maintenir l'équilibre par un travail musculaire symétrique. La rééducation avec le cheval améliore les réactions d'équilibration, permet un développement global et symétrique de la motricité et un travail de dissociation de cette motricité, notamment chez les cérébrolésés. La rééducation avec le cheval permet aussi d'exercer une inhibition sur la spasticité, de diminuer de nombreux mouvements anormaux, de favoriser un travail sur l'espace corporel à travers une prise de conscience du corps, de la latéralité, de la mobilité et de l'intégration du geste. Elle permet aussi un travail intéressant pour ce qui est des troubles de l'espace corporel. L'organisation spatiale dans un manège rectangulaire avec des repères permet de travailler un domaine spécifique chez les hémiplégiques, l'héminégligence. Elle permet aussi un travail des troubles des fonctions supérieures, des troubles de l'attention, de la concentration et de la mémorisation, présents chez nombre de nos cérébrolésés. Elle permet un travail sensoriel en participant à l'éveil sensoriel du cavalier. Le cheval éveille toutes les perceptions : l'odorat, le toucher, la vue, l'ouïe. Qu'en est-il des bienfaits multiples de cet outil de rééducation sur la qualité de la vie d'un handicapé ? Nous avons étudié, au sein d'une population de cavaliers handicapés, l'impact sur la qualité de vie du patient qui bénéficiait d'une rééducation avec le cheval. Nous avons présenté ce travail lors du Congrès international d'équitation thérapeutique de juin 2003. Cependant, l'évaluation par chaque patient de la qualité de sa propre vie peut être assez précise pour rendre possible son interprétation, notamment dans le temps. Parmi les nombreuses définitions de la qualité de la vie, on peut retenir la suivante : la qualité de la vie est l'ensemble des satisfactions et insatisfactions éprouvées par un sujet à propos de sa vie en général. »

D'après le docteur Pierre-Marie Bougard, le pourcentage d'amélioration du score de qualité de vie après des séances d'équitation est 34,44 %, et il porte principalement sur les cavaliers présentant une atteinte du système nerveux central.

L'équitation rééducative consiste à rechercher la position assise la plus parfaite possible, et la reprise se termine par des exercices de gymnastique sur le cheval qui marchera essentiellement au pas ; le galop demeurant, si l'individu est décontracté, une récompense.

Après la mise en confiance du futur cavalier, plutôt angoissé à l'idée d'être mordu, le malade sera porté en selle de façon discrète, et bientôt, il découvrira, grâce au cheval, son schéma corporel. L'équitation en groupe permet d'instaurer des liens qui améliorent les rapports et les communications entre les participants.

L'animal, support projectif des angoisses et des fantasmes, facilite, selon le psychothérapeute, la verbalisation et une meilleure connaissance des problèmes dont sont victimes les psychotiques et les névrosés. Certains malades qui confondent la droite et la gauche découvrent cette notion primordiale lorsqu'ils parviennent à un angle de la piste, ce qui entraîne de leur part la décision de changement de direction.

Les cavaliers cherchent à fusionner, les thérapeutes à faire « émerger de la situation fusionnelle » et à faire vivre le cheval comme « autre », condition nécessaire à l'individualisation et à la formation du Moi. Le thérapeute conservera néanmoins le conditionnement et l'éducation du cavalier classique et utilisera les termes techniques de l'équitation traditionnelle en favorisant le langage adéquat.

L'avenir de la méthode

Je constate avec satisfaction que de nouveaux centres d'aide équestre aux handicapés ou aux malades se créent régulièrement, comme Cheval Dire… à Millemont, dans les Yvelines. Sa présidente, Elsa Milgrom, a rassemblé des chevaux maltraités ou abandonnés qu'elle a achetés ou que la justice lui a confiés. Ses chevaux sont rééduqués en douceur grâce à la méthode des chuchoteurs, qui repose sur l'étude des codes utilisés par les chevaux pour communiquer entre eux.

« Pour les handicapés moteurs, qui sont en permanence dans un fauteuil, dit Elsa Milgrom, c'est merveilleux de pouvoir se déplacer et de retrouver une certaine autonomie en montant à cheval. »

À Aix-en-Provence, l'association Equus fonctionne depuis plus de seize ans. Elle a aidé jusqu'à ce jour plus de cent personnes en difficulté physique ou mentale.

« Notre accompagnement, explique Bénédicte Berthelot, directrice de l'association, demande un travail constant d'observation, de décodage, d'interprétation du langage utilisé (verbal ou corporel) et d'un travail d'écoute afin de pouvoir adapter la meilleure réponse au bon moment. Toute la partie du pansage, moment important de la séance, est un travail de dialogue corporel, avec son cheval : on le touche, on le caresse, on le brosse. Il se laisse toucher, il se laisse caresser, il se laisse brosser, il aime ça. Le travail à cheval, d'ailleurs, n'est pas un passage obligé. Il y a plusieurs années, l'association Equus a mis en place une formation de "palefrenier-soigneur" pour des jeunes handicapés de 16 à 25 ans et a obtenu d'excellents résultats. »

À Sevrey, dans la Loire, le docteur Isabelle Chaveneau, pédopsychiatre, a introduit l'équithérapie dans l'hôpital. Elle soigne des enfants murés dans le silence de l'autisme, livrés au chaos de leurs pulsions.

« La relation au corps à corps avec le cheval, a-t-elle constaté, est une rencontre possible avec l'autre au-delà des mots, en n'ayant pas les mêmes enjeux que la rencontre avec l'autre semblable. Pour les enfants, dans l'inhibition névrotique et le mutisme, la relation directe à l'adulte est angoissante et dangereuse, alors que la relation au cheval offre un contact direct ouvrant la voie à la parole. La confrontation à la taille du cheval, à sa puissance, à ses réactions, à son individualité propre conduisent l'enfant à une confrontation avec la réalité et à un univers sur lequel il n'a pas de maîtrise, et où il trouve ses limites. »

J'emprunte à Pascale Noa Bercovici, dont j'ai beaucoup apprécié le livre remarquable *L'Arche de Noa*[53], cette poésie écrite par un gamin de 10 ans, Michaël, qui vit dans le centre de Green Chimneys, fondé par Samuel Ross, aux USA :

« Les animaux ne me forcent pas à faire des choses que je ne veux pas faire,

Ils n'attendent pas trop de moi,

Ils ne deviennent pas agressifs ou fous, ils sont toujours là pour jouer avec moi, Et ils ne me font pas me sentir triste. »

Il est clair que les animaux en général, et les chevaux en particulier, ont le pouvoir d'aider puissamment enfants et adultes en difficulté, d'améliorer leur prise de conscience et leurs rapports avec les autres. On connaît les réussites de la « delphinothérapie », qui s'appuie sur les pouvoirs des dauphins pour traiter les enfants autistes.

53. Éditions Robert Laffont, 2001.

J'ai fait moi-même une expérience en Floride, que j'expose dans le chapitre suivant. Je me félicite aussi de la création de « fermes thérapeutiques », sur le modèle de Green Chimneys, où les enfants handicapés se développent au milieu d'animaux familiers. Je pense au centre de l'abbé Gilbert dans le sud de la France, où les animaux de la ferme aident à traiter des jeunes délinquants. Je suis persuadé que, de plus en plus souvent confrontés à toutes les formes de handicap et à tous les âges, les psychothérapeutes, les ergothérapeutes demanderont l'aide des animaux. Tout récemment, des chercheurs de Chiang Mai, au nord de la Thaïlande, ont ouvert un centre pour les jeunes autistes… autour d'éléphants dressés ! Les enfants les baignent, les nettoient avec des feuilles de bananier, les nourrissent. Les résultats, dit-on, sont remarquables, et les premiers malades étrangers sont arrivés en Thaïlande.

XVII

Ces merveilleux oiseaux

«Ainsi, dans les villes et dans les campagnes,
dans les champs et dans les bois, sur le bord des étangs,
des lacs et des océans, alors que l'homme se croit isolé,
un oiseau apparaît, éblouissant par la beauté
de son plumage et la grâce de son vol, captivant par
la singularité de ses mœurs et la qualité de son chant.
Écoutons ce chant, "Ce chant né de l'amour,
ce chant qui a sa source au cœur même de l'oiseau"
et qui nous dit: "Vous n'êtes pas seul"!»
Léon Binet, *La Passion des oiseaux.*

Pour le seul Hexagone, on a pu dénombrer plus de 350 espèces d'oiseaux, dont 260 sont nicheurs, 49 hivernants venus du Nord et de l'Est de notre continent, 40 occasionnels venus de littoraux lointains. Le nombre d'oiseaux en cage et en volière dépasserait 3 millions et demi (SOFRES FACCO), près de 2 millions de canaris, près d'un million de perruches ondulées. Quant aux perroquets gabonais (gris à queue rouge), Paul Moly, un éditorialiste au journal *Les Échos*, révèle qu'il s'en est vendu plus de 400 000 au cours des dix dernières années (19 août 2011).

Parmi ces innombrables oiseaux « de compagnie », consacrons quelques pages à celui que Brohm désigne sous le nom de « oiseau-homme ».

« Le Perroquet ! Pas mal ! Et il avait bien quelque mérite au temps où les bêtes ne parlaient pas, mais aujourd'hui toutes les bêtes ont du talent. »

Jules Renard

L'homme a toujours été fasciné par les « oiseaux parleurs », en particulier par la faculté étonnante que possèdent certains perroquets d'imiter le langage articulé de son propriétaire et d'associer en situation et de façon pertinente le mot à l'action, le mot à l'objet.

Le développement de leur cerveau, la conformation de leur langue épaisse et de ce qui tient lieu de larynx permettent à beaucoup d'entre eux d'articuler et de respecter les sons, les mots, les phrases, les chansons émises par les humains, souvent même de siffler à la perfection certains airs. Certains, parmi ces oiseaux, arrivent à établir un véritable dialogue entre eux, et j'ai fort bien connu et écouté moi-même le trilogue des deux perroquets de maître Raoul Ours établi avec lui :

Raoul Ours s'adressant à Jacotte :

« Jacotte, dis à Ito d'imiter le chat. »

Jacotte (gris du Gabon) : « Ito, imite le chat. »

Ito (amazone à front bleu) : « Miaou. »

Raoul Ours : « Encore une fois Ito. Allez, imite le chat. »

— Miaou, répète Ito.

— Jacotte, comment t'appelles-tu ?

— Jacotte.

— Et moi comment je m'appelle ? demande l'avocat.

— Raoul.

— Qu'est-ce que je suis pour toi ?

— T'es mon petit papa.

Il serait erroné de réduire tous les comportements des perroquets ou des mainates (ce grand sansonnet noir des Indes, *gracula religiosa*) au simple jeu de mécanismes aveugles d'*echolalie* ou de *prihacisme* (répétition mécanique automatique de perceptions sonores ou de notions que le sujet n'a pas comprises ou qu'il n'a pas pensées).

La capacité de mémoire des prihacidés et des mainates est surprenante, tout comme leur sens de l'à-propos et la possibilité de lancer des phrases totalement adaptées aux circonstances.

Selon O. Hobart Mowrer : « À l'origine tout langage procède de l'Amour. Pour apprendre à parler, il faut aimer et être aimé ».

Avant d'entraîner votre oiseau à « parler », vous l'aurez apprivoisé et vous l'aurez habitué à recevoir des friandises de votre main. N'oubliez pas qu'il aime la compagnie et qu'il se plaît à écouter la répétition du vocabulaire et des échanges verbaux que vous désirez lui faire formuler un jour. Il apprécie un environnement affectif, stable et sécurisant.

Pango, le gabonnais d'Henri Termier, professeur à la Sorbonne, comprenait et répétait les noms de chaque aliment qu'on lui présentait : poire, pomme, banane, gâteau, chocolat, confiture, cerise, raison, maïs, noisette, etc.

Pango s'adressait sans erreur aux deux chats abyssins du professeur Termier :

« Bonjour, ma Sahra. Comment vas-tu, Manou (le matou étalon) ? »

Quant à son mainate Kim, il s'écriait :

« Kim aime les raisins, Kim aime les poires. »

À la sonnerie du téléphone, il s'écriait :

« Allô, allô, ici Henri Termier… » (avec l'accent très personnel du professeur !)

Le perroquet amazone Pilou de madame Spira était capable de désigner par leur prénom chacun des quarante chihuahuas qu'elle possédait dans son vaste appartement de la rue du Général-Foy à Paris.

Mon perroquet gabonais siffle encore les premières stances de la Marseillaise et de la *Lettre à Élise* qu'elle dédie à Monique, mon épouse. Certains aiment à siffler *Le Pont de la rivière Kwai*.

Si vous disposez de suffisamment de temps pour l'apprivoiser et lui répéter des mots et que vous pouvez lui offrir une grande cage et être patient, il sera un merveilleux compagnon qui comblera agréablement votre solitude…

XVIII

Et voici les dauphins

Parmi tous mes amis et mes amies américains, il en est une qui occupe une place particulière dans ma mémoire, et pour qui je ressens toujours une affection particulière. C'est Dolly (petite poupée). Dolly est une dauphine à gros nez, de 250 kg, dont j'ai fait la connaissance en Floride, à Sugar Long Shore, non loin de Key West. C'était à l'occasion d'un film, réalisé par mes amis Philippe Cousteau (le fils du commandant) et Jane, son épouse américaine, auquel j'ai participé. Dolly avait, un jour, fait irruption dans une famille qui vivait dans une marina au bord d'un canal relié à la mer : les Ashbury. Elle avait pratiquement adopté cette famille, composée des parents, de trois enfants et d'un chien griffon ; elle connaissait leur emploi du temps, partageait leurs repas, surveillant même, apparemment, les enfants ravis. Philippe et Jeanne

Cousteau, ayant entrepris de réaliser un film sur Dolly, m'avaient donc associé, en tant que vétérinaire, à leur projet. Ce fut passionnant, mais ce ne fut pas sans difficulté. Les prises de vue marines et sous-marines, pour être de bonne qualité, ne pouvaient se faire qu'au large, dans une eau claire. Dolly, malgré tous nos efforts, refusait de nous suivre dans l'Atlantique, au-delà d'un kilomètre du rivage : elle faisait alors invariablement demi-tour, comme si elle se heurtait à une invisible barrière. Avec Philippe et Jeanne Cousteau, nous multiplions les efforts pour l'entraîner en eau claire et profonde. En vain. Dans les canaux bordés de palétuviers, qui constituent le rivage de cette partie de la Floride, elle se laissait filmer sans problème, y prenant même du plaisir, sautant allègrement, parfois par-dessus notre petite embarcation à fond plat (un Boston Whaler), mais elle n'acceptait jamais de s'aventurer au large. Même la petite fille Ashbury, qui avait avec Dolly une véritable relation affective (Dolly semblait l'adorer et la petite fille le lui rendait bien), ne parvenait pas à l'entraîner en pleine mer : s'accrochant à la nageoire dorsale de Dolly, l'enfant montait sur son dos et se laissait entraîner à grande vitesse en riant aux éclats. Jamais Dolly, 200 kg (et selon RG Busnel, dix fois plus de puissance par kilo de muscle que tout autre mammifère, chien et homme compris), ne nous posa de problèmes. Elle fut très coopérative tout au long du tournage : elle plongeait à notre demande, jouait avec des anneaux, obéissait même aux ordres de notre chef opérateur, Michel Deloir : « Plonge !

Saute ! Va chercher la palme, le surf, le bâton ! » Elle ne se trompait jamais. Mais elle refusait toujours de gagner la haute mer, comme retenue par des liens invisibles. Je me demande encore quelle était la source de ce refus. Dolly jugeait-elle sa présence indispensable auprès de cette famille ? Avait-elle deviné des troubles non décelés chez la petite fille ? En tout état de cause, notre vedette se comportait comme si elle accomplissait un devoir d'assistance – une mission dont le sens nous échappait.

Une science nouvelle

On sait depuis toujours que des liens étroits peuvent s'établir entre les dauphins et les humains. Coup d'œil sur le passé : Pline l'Ancien, au Ier siècle av. J.-C., relate dans son *Histoire naturelle*, l'amitié entre un dauphin et un jeune insulaire. Hérodote raconte l'histoire du poète Arion qui, jeté à la mer par l'équipage d'un bateau, se mit à chanter une dernière fois avant de se noyer ; son chant – ou dithyrambe – était si beau que des dauphins charmés le prirent sur leur dos et le transportèrent jusqu'au cap Ténare. On cite le cas de dauphins qui ont piloté, dans des récifs, des navires en perdition.

Mais ce n'est que très récemment, en 1988, et précisément en Floride, qu'un psychologue neuropsychiatre, Daniel Nathanson, analysa d'un point de vue médical l'effet bienfaiteur thérapeutique des jeux avec un dauphin sur un enfant en difficulté. En 1995, à Marathon Key, près de Key Largo, au

Dolphin Research Center, il mit en présence un dauphin et le petit Daniel Ryeur, qui présentait un retard mental important et n'avait jamais parlé. À son grand étonnement, Daniel prononça son premier mot : *yellow* (jaune), couleur d'un anneau qu'on lui avait remis pour jouer avec le dauphin ! Peu après, en nageant avec son nouveau compagnon de jeu, sous la surveillance, évidemment, d'un instructeur, Daniel lui désigna un pélican qui survole l'eau et dit distinctement : *bird* ! (oiseau). Daniel s'était ouvert au monde parlé, sans doute parce que, dans l'eau, en compagnie du dauphin, il avait ressenti une excitation particulière, créant le début d'une « conf iance en soi » qui était inexistante. Nathanson, par la suite, a conduit une série d'autres expériences. Il a sélectionné quatre enfants très jeunes (de 2 à 6 ans), Billy, Danny, Jérémy et Mando, qui présentaient des troubles graves : retard de développement, aphasie, multihandicaps, déficit moteur. L'un d'eux était atteint d'hydrocéphalie. Chaque enfant a travaillé en piscine, avec un dauphin et un éducateur, une fois par semaine. Toutes les séances ont été filmées. Les conclusions de Nathanson ont été publiées après 256 séances : les résultats de l'interaction avec les dauphins avaient dépassé les objectifs que s'étaient fixés les éducateurs.

Des faits irréfutables

Capable d'éveiller des enfants autistes à la conscience du monde extérieur, de faire rire des trisomiques ou des enfants en profonde dépression, les dauphins, vedettes des médias, comme Flipper, ont fait naître de grands espoirs. Je n'ignore pas que certains scientifiques les jugent excessifs. Dans les années 1980, le médecin russe Igor Charkovsky émit l'hypothèse que les dauphins utiliseraient leurs émissions d'ultrasons pour communiquer avec le fœtus humain dans le ventre de sa mère. Au Dolphin Reef d'Eilat (Israël), où on organise régulièrement des séances avec des dauphins de pleine mer et des enfants à problèmes (trisomiques ou autres), on a été jusqu'à pratiquer des accouchements en milieu marin, avec la participation de dauphins infirmiers ! J'ai même eu entre les mains une communication qui affirmait que le plaisir de nager et l'excitation d'une relation ludique et amicale sur le dauphin avait un effet très positif sur le système immunitaire et, par conséquent, aidait à guérir des maladies infectieuses. Certains allèrent jusqu'à affirmer que des tumeurs cancéreuses avaient diminué de taille, ou même disparu après des séances de delphinothérapie (cité dans l'excellente thèse de doctorat vétérinaire de Sophie Desclefs et Maguy Di Ponio, 2006).

Il me semble inutile d'aller aussi loin. En restant dans les limites de l'observation objective, scientifique, les exemples sont assez nombreux, sérieux et édifiants. Par exemple, les observations de Lydia Charcellay, fondation Jeunesse Feu Vert, à Paris. Elle a participé à la rencontre de deux jeunes enfants atteints d'autisme avec Dolphy, une femelle, qui avait adopté le port de Collioure, recherchant le contact des humains. Dolphy marqua un intérêt particulier pour les deux enfants, témoigna une véritable sympathie comme si elle était consciente de remplir une tâche importante. Ces contacts, selon Lydia Charcellay, furent suivis d'une nette amélioration de l'état des enfants. Au delphinarium d'Antibes, Philippe Manoir, président de l'association Le chant du dauphin, affirme que l'attention, la faculté de concentration des petits malades qu'il met en contact dans l'eau de mer avec les dauphins apprivoisés du centre, sont améliorées de façon frappante après chaque séance. Le docteur Ribault cite, dans une communication, le cas d'un petit trisomique qui semblait incapable de reconnaître et d'identifier un objet. Mis en présence d'un dauphin qui rapportait avec de grandes démonstrations une balle qu'on lui lançait, l'esprit de l'enfant sembla soudain s'éveiller et, à la surprise de l'éducateur, manifestant un grand enthousiasme, il désigna l'objet par son nom pour la première fois !

Notre ami, Bernard Belin (*Ethnozootechnie* n° 73), tout en faisant des réserves que j'approuve sur le pouvoir thérapeutique spécifique des dauphins, cite le témoignage de Sandrine Herman ; une de ses amies, sourde et muette à la suite d'une chute, atteinte de troubles neurologiques, a récupéré 30 % de son audition et toutes ses facultés de parole après avoir nagé plusieurs heures, en plusieurs séances, en compagnie d'un dauphin.

Comme les chevaux, les dauphins sont en mesure d'aider nos semblables en difficulté. Même si leur pouvoir a pu être démesurément amplifié, on peut – et on doit – leur faire confiance. Comme à tous les autres animaux dont l'aide dans les domaines les plus variés, nous est précieuse et, parfois, irremplaçable.

Adresses utiles

Cheval

Fentac (Fédération nationale de thérapie avec le cheval)
4, rue des Laitières (place Brigitte-Martin) – 94300 Vincennes.
Tél. 01 43 65 91 85.
www.fentac.org

Handi-Cheval (docteur P.-M. Bougard)
16, rue Blaise-Pascal – BP 144 – 79204 Parthenay.
Tél. 05 49 95 07 77.

Notre-Dame-de-Joye, poney-club, 73, avenue Denfert-Rochereau – 75014 Paris.
Tél. 01 40 46 02 11.

Equus (Bénédicte Berthelot)
13, rue de Cugnes – 13100 Aix-en-Provence.

CFAS (Centre de formation d'apprentis spécialisés), Les Marronniers – 31, boulevard de Saint-Loup – 13 010 Marseille. Tél. 04 91 18 14 94.

Anarshite (Association nationale pour aide à réadaptation et à réinsertion sociale des handicapés et inadaptés par le travail et l'équitation).
Centre équestre des Frileuses – Domaine des Frileuses – 41 150 Chaumont-sur-Loire (Loir-et-Cher).
Tél. 02 54 51 27 23.

Cheval Dire... (Elsa Milgrom)
Domaine de Millemont, 78 940 Millemont.
Tél. 01 34 86 61 93.

Equit'aide (Isabelle Claud)
Ferme Mange Seille, 54 610, Lixière (Lorraine).
Tél. 03 83 31 92 85.

Haras des marins Berdrick,
La chapelle Montligeon (Perche) – Centre hospitalier de Sevray – 71 331 Châlon-sur-Saône.

Poney-club pour sourds Château de Norville
Rue Victor-Hugo, 91 290 La Norville.

CCAH-PSP (Centre national de coordination de l'action en faveur des personnes handicapées et inadaptées – promotion sociale et professionnelle) 30, rue de Prony – 75 017 Paris. Président : M. Bernard Belin. Tél. 01 42 27 78 51.

D'autres sites traitant de l'hippothérapie :

www.handicheval.ch (un site bien référencé).
www.antheanthesis.org (site de l'association *Anthe-Anthésis*).
www.hippotherapy.be (site très complet).

Chiens

Fédération nationale des huit écoles de chiens guides d'aveugles
91, rue Jean-Bleuzen – 92 170 Vanves.
Tél. 01 46 45 44 55 – Fax. 01 46 44 55 99.

Association ASBL – le chien visiteur (Joseph Ortega)
Cancalès – 46 360 Saint-Cernin.
Tél. 05 65 30 32 88 - 05 63 41 01 15. Portable : 06 74 79 55 80.
Mail : le.chien.visiteur@free.fr
Joindre : une photo d'identité du maître et une du chien (pour établir la carte d'habilitation).

ANECAH (Association nationale d'éducation des chiens de handicapés)
155, rue Nationale – 75 013 Paris.
Tél. 01 45 86 58 88.

Les Chiens du Silence
46, rue des Pyrénées – 65 140 Escondeaux.
Tél. 05 62 44 85 58.

Écoles

École de chiens guides d'aveugles des Flandres
69, rue Voltaire – BP 37 – 59 441 Wasquehal Cedex. Tél. 03 20 36 89 75.

École de chiens guides d'aveugles de la région Provence-Côte d'Azur
Fort de la Revière – 06 360 Èze.
Tél. 04 93 41 14 13.

École de chiens guides d'aveugles de l'Ouest
Promenade la Baumette – 49 000 Angers.
Tél. 02 41 68 59 23

École de chiens guides d'aveugles d'Île-de-France
3, rue Eugène-Dorlet – 77 170 Courbet.
Tél. 01 64 06 73 82.

École de chiens guides d'aveugles du Limousin
avenue Broglie – 87 100 Limoges.
Tél. 05 55 37 03 31.

École de chiens guides d'aveugles de Paris et de la région parisienne
105, avenue Saint-Maurice – 75 012 Paris.
Tél. 01 43 65 64 67.

École de chiens guides d'aveugles du Centre-Est
334, avenue du Général-de-Gaulle – 69 830 Saint-Georges-de-Reneins.
Tél. 04 74 67 67 80.

École de chiens guides d'aveugles du Midi
Chemin des Aubépines –13 090 Aix-en-Provence.
Tél. 04 42 59 41 40.

Centre d'étude de sélection d'élevage de chiens guides pour aveugles et autres handicapés
63 190 Lezoux.
Tél. 04 46 45 44 55.

Centre de formation à Civens (Loire). **Chiens guides d'aveugles**
71, rue de Bagnolet – 75 020 Paris.

Société d'ethnozootechnie, (professeur B. Denis)
5, avenue Foch – 54 200 Toul.

Numéro spécial 81
les aides animalières au service du Handicap organisées par Bernard Belin.

Chiens visiteurs et médiateurs de la CNEAC
(Commission nationale d'éducation et d'activités cynophiles) de la SCC (Société centrale canine)
155, avenue Jean-Jaurès – 95535 Aubervilliers.

Handi Chien (anciennement ANECAH), M.-C. Lebret
250, avenue du Général-Leclerc – 61 000 Alençon.
13, rue de l'abbé Groult – 75015 Paris.
Tél. 01 45 86 58 88.

Fondation Adrienne et Pierre Sommer (Guy Courtois)
67, rue Saint-Blaise – 75 020 Paris.

Parole de chien : http://www.parole-de-chien.com

Le cœur sur la patte : http://perso.orange.fr/lecoeursurlapatte

Quelques fermes thérapeutiques

Foyer occupationnel, La Ferme des Vallées
16 190 Saint-Amand de Montmoreau (J. Desbrosse).

Foyer Saint-Nicolas – 43 420 Pradelles.

Ferme pédagogique du mas de Grille
Route de Sète – 33 430 Saint-Jean-de-Vedas. Pierre Dugarin.
Tél. 04 67 07 67 17.

Association Ethnozoothechnie
16 bis, bd Côte-Blatin – 63 000 Clermont-Ferrand.
Tél. 04 73 91 58 24.

Association pour promotion des fermes pédagogiques en France
16, rue Ferdinand-Fabre – 34 000 Montpellier.
Tél. 04 67 02 25 70.

Association de stagiaires handicapés physiques
Ferme du Hameau et de Marie-Antoinette, parc du château – 78 000 Versailles.
Tél. 01 39 49 18 18.

Insectfarm
100, Toamnei Street, Bucarest (Roumanie).
www.insectfarm.com

Pro Anima (méthodes bio-substitutives)
84, rue Blanche – 75009 Paris. Tél. 01 45 63 10 89.
www.proanima.fr

Nivalis Biofarc (asticothérapie)
03270 Hauterive.
Tél. : 04 70 59 14 72

Bibliographie

BARAT M., *Les Chiens et les Hommes*, Sully, 1953.

BARBIER P., *Homéopathie – Petits remèdes retrouvés*, Maloine 1994.

BÉATA C., *Au risque d'aimer - Des origines animales de l'attachement aux amours humaines, Odile Jacob*, 2013.

BELIN B., *Animaux aux secours du handicap*, L'Harmattan 2000.

— *Le Loup, le chien et l'homme*, l'Harmattan, 2003.

BERN S., *Une vie de chien*, Albin Michel, 2009.

BOUCHARD C., *L'Effet bénéfique des animaux sur votre santé*, Albin Michel, 1995.

BOURDIN M., *À propos du comportement de votre chat*, Le Courrier du livre, 2008.

CAPRAS M., *Les Interactions psychiatriques entre l'humain et l'animal*, bulletin de l'académie vétérinaire de France, 64 (59-68), 1991.

CHAPSAL M., *L'Ami chien*, L'Acropole, 1991.

CONDORET A., *L'Animal, compagnon de l'enfant*, Fleurus, 1973.

COUPEAU G., *À nos frères les amimaux*, Éditions des écrivains, 2001.

CROSNIER J., *Nos meilleurs amis*, La Simarre, 2006.

Fondation A. et P. Sommer, *Un cheval pour vivre*, société d'etnozootechnie (www.fondation-ap-sommer.org).

GUILLOT D., *Des chiens et des hommes*, Le Pommier.

HODIAMONT G., *Venins et remèdes du règne animal en homéopathie*, Bruxelles 1957.

IOIRICHE H., *Pharmaciennes ailées*, Éditions MIR de Moscou 1968.

ISSAUTIER M.N. et PONCET J.-E., *L'Enfant et l'Animal de compagnie*, Boiron, 2001.

JOLINIER M., *Cheval, inadaptations et handicaps*, Maloine, 2004.

KHOLER R. et Handi'Chiens, *Les activités associant l'animal en milieu sanitaire, social et médico-social* (avec le soutien de la Fondation A. et P. Sommer).

LAZIER C.-J. et J.-C. BARREY, *Éthologie et écologie équines*, Vigot.

Levinson B., *Pet Oriented Child Psychotherapy*, Thomas Pub, Springfield, 1969.

Lorgeril (de) M. et Salen P., *Le Pouvoir des oméga-3*, Alpen, 2006.

Lubersac (de), *Thérapies avec le cheval*, Fentac, 2000.

Luposi R., *L'Insecte médicinal*, Éditions Ancyrosoma, 2006.

Matignon K. L, *Sans les animaux le monde ne serait pas humain*, Albin Michel, 2003.

Mebs D., *Animaux venimeux et vénéneux*, Lavoisier, 2006.

Montagner H., *L'enfant et l'Animal*, Odile Jacob, 2002.

Ortega J., *Le Chien visiteur, un ami qui vous veut du bien.*

Potier P., *Le Magasin du bon dieu*, JC Lattès, 2001.

Pelt J.-M., *Les Nouveaux Remèdes naturels*, Marabout-Fayard, 2001.

Pilet C., *L'Animal médecin*, Actes Sud, 2005.

Plotkin M., *Les médicaments du futur sont dans la nature,* First, 2000.

Rousselet-Blanc V., *Les animaux guérisseurs*, JC Lattès, 1994.

Shuker K., *Les Pouvoirs secrets des animaux*, Larousse, 2002.

SCHULZ P., *Consolation par le chien*, PUF, 2010.

VALNET J., *Docteur Nature*, Fayard, 1971.

VITOUX F., *Le Dictionnaire amoureux des chats*, Plon, (Prix Mery 2008).

VUILLEMENOT L., *Un animal et la vie est plus belle*, Ixelles, 2011.

VERNAY D., *Le Chien partenaire de vies*, Erès, 2003.

Remerciements

Je remercie tout particulièrement mon très regretté ami Gilles Lambert pour sa précieuse collaboration et son aide rédactionnelle efficace.

Ma reconnaissance va à :

– mes confrères de l'académie vétérinaire de France ;

– Jean-Paul Chicheret de Dijon ;

– Jean-François Royer, pharmacien ;

– docteur Élodie Pradère (du laboratoire Pfizer) ;

– M. Stevenson, de la société NIVALIS ;

– docteur Michèle Guyot du Muséum national d'histoire naturelle ;

– docteur Avrain ;

– mon confrère, le docteur Jean-Louis Patat ;

– Luc Vuillemenot, auteur d'*Un animal et la vie est plus belle ;*

– professeur Charles Pilet, auteur de *L'animal médecin ;*

– Professeur Alain Philippon, de l'académie vétérinaire de France

– Dr J.-P. Schmidt;

– Joëlle Dutillet, auteur d'*Histoires vraies d'animaux exceptionnels*.

Table des matières

Avertissement 7

Préface
par Frédéric Vitoux de l'Académie française 9

Avant-propos
par Gilles Lambert 13

Prologue 27

Première partie
Les « bêtes » médicinales

I. COUP D'ŒIL SUR LE PASSÉ 33

Les secrets des médecines orientales 37

L'huile de petits chiens 39

Guérir la rage avant Pasteur 41

La légende des aphrodisiaques 44

Guérir avec les loups 47
En médecine vétérinaire 48

II. **Les insectes à votre service** 51
Sa Majesté la mouche 53
Les promesses de l'asticot 56
Vos amis les coléoptères 62
Des alliés surprenants : papillons et fourmis . 63
La richesse des araignées 66
Les cadeaux du scorpion mortel 69
Nuages dans la forêt 71

III. **La sangsue, vieille connaissance, et l'escargot** 73
Le retour de l'escargot 76

IV. **Batraciens, reptiles et tortues** 79
Sauvés par le venin mortel 83
Espoirs pour le cancer 86
Tortue contre tuberculose 87

V. **Nos amies les abeilles** 89
Les richesses du miel 90
Les composants du miel 92
Cent une variétés de miels 93
La gelée royale 94
L'apithérapie 96
Les bienfaits de la propolis 98
Pollen contre méfaits de l'âge 99

VI. **L'apport des créatures de la mer** 101

Des perspectives vertigineuses 104

Le pouvoir des éponges 110

Les mystérieuses ascidies 114

Un crinoïde, véritable fossile vivant 116

Les concombres des mers (ou holoturies) 116

Les bryozoaires et les anthozoaires 117

Le requin contre le cancer 118

La richesse des huîtres 119

Crevettes, calmars et limules 122

Les cônes 124

Les secrets du lièvre des mers 126

Demain : le sang artificiel 126

VII. **Les poissons des mers froides : une réserve d'« oméga-3 »** 131

Des oméga tout-puissants ! 133

VIII. **Vitamines et oiseaux** 139

IX. **L'arche de Noé** 145

Même le vampire ! 147

Des mesures de sécurité 148

X. **Sacrifiés à la santé de l'homme !** 149

XI. **Les sources animales de l'homéopathie** 153

Les teintures mères 156

Nos amis les serpents 158

Les insectes en homéopathie 161

Les araignées 164

Les ressources homéopathiques de la mer 164

Deuxième partie
L'animal facteur d'équilibre, de bien-être et de bonheur

XII. Médecins de l'âme 175

Les enfants d'abord 178

XIII. Tout ce que les chiens nous apportent 183

Les chiens guides d'aveugles 188
Au service des handicapés 190
Ce qu'ils savent faire 193
Ce qu'ils comprennent 194
Irremplaçables 199
Les chiens écouteurs 200
Les chiens et les malades mentaux 201
Contre l'infarctus 203

XIV. Des chiens qui flairent le cancer 207

À la recherche du gène sauveur 211

XV. Des chats dans les hôpitaux 213

XVI. Notre ami le cheval 221

L'avenir de la méthode 235

XVII. Ces merveilleux oiseaux 239

XVIII. ET VOICI LES DAUPHINS 243
Une science nouvelle 245
Des faits irréfutables.................................. 246

ADRESSES UTILES 251

BIBLIOGRAPHIE 257

REMERCIEMENTS 261

Achevé d'imprimer en février 2015
sur les presses de la **N**ouvelle **I**mprimerie **L**aballery
58500 Clamecy

Dépôt légal : février 2015
N° d'impression : 502055

Imprimé en France

La **N**ouvelle **I**mprimerie **L**aballery est titulaire de la marque Imprim'Vert®